운흘雲屹의
대만臺灣 이야기

운흘의 대만 이야기

발행일	2025년 8월 28일

지은이	운흘雲屹 신명철申明澈		
펴낸이	손형국		
펴낸곳	(주)북랩		
편집인	선일영	편집	김현아, 배진용, 김다빈, 김부경
디자인	이현수, 김민하, 임진형, 안유경	제작	박기성, 구성우, 이창영, 배상진
마케팅	손화연, 박진관		
출판등록	2004. 12. 1.(제2012-000051호)		
주소	서울특별시 금천구 가산디지털 1로 168, 우림라이온스밸리 B동 B111호, B113~115호		
홈페이지	www.book.co.kr		
전화번호	(02) 2026-5777	팩스	(02) 3159-9637

ISBN   979-11-7224-827-7 03910 (종이책)   979-11-7224-828-4 05910 (전자책)

잘못된 책은 구입한 곳에서 교환해드립니다.
이 책은 저작권법에 따라 보호받는 저작물이므로 무단 전재와 복제를 금합니다.
이 책은 (주)북랩이 보유한 리코 장비로 인쇄되었습니다.

> **(주)북랩** 성공출판의 파트너
>
> 북랩 홈페이지와 패밀리 사이트에서 다양한 출판 솔루션을 만나 보세요!
>
> **홈페이지** book.co.kr • **블로그** blog.naver.com/essaybook • **출판문의** text@book.co.kr

> 작가 연락처 문의 ▶ ask.book.co.kr
>
> 작가 연락처는 개인정보이므로 북랩에서 알려드릴 수 없습니다.

운흘雲屹 신명철申明澈 지음

운흘雲屹의
대만臺灣 이야기

중화권 전문가의 눈과 마음으로
발견한 대만의 지혜

북랩

머리말

　우리와 대만은 1948년 대한민국과 중화민국 간 국교를 수립하면서부터 우호적인 관계를 이어오고 있는, 남쪽으로 2시간 반 남짓한 비행 거리에 있는 가까운 이웃이다. 필자는 당시의 총무처(總務處)가 서울대학교어학연구소에 의뢰하여 1989년 10월 13일 실시한 '공무원국비장기유학 중국어권(中國語圈)선발시험'에 합격한 후, 그 이듬해에 우리의 우방인 대만(臺灣)으로의 유학길에 올랐다.

　1990년 3월 23일 아직은 좀 쌀쌀한 봄 날씨에 그날 오후 9시 반쯤, 대만(臺灣) 타오위안(桃園) 중정(中正)공항에 도착해서 공항청사 밖으로 첫발을 내딛는 순간 후끈한 온기를 느꼈다. 아직도 그 후끈한 온기가 몸에 남아 있는 듯 그 기억이 생생하다. 필자의 몸에 안긴 그 온기가 대만에 머무는 동안 내내 필자의 몸에 머물며 필자를 안전하고 따뜻하게 보호해줬다. 마중 나온 선배 유학생의 안내에 따라 중국어 공부를 시작하게 될 '타이베이(臺北) 국어일보 어문중심(國語日報語文中心)'의 주변에 있는 '푸밍싱(富明星)호텔'에 도착하여 여장을 풀었다. 다음 날 아침에 일어나서야 동이 터서 훤하게 보이는 주변의 모습을 볼 수가 있었는데, 도로에는 붕붕거리는 오토바이들이 행렬을 이루며 활기차게 달리고 있었고, 도로변에는 곧게 자란 아름드리 가로수들이 늘어서 있는 이국적인 풍경이 바라보였다. '목면화(木棉花)'라고 하는 그 가로수들에는 노란빛이 감도는 빨간 꽃들이 아름답게 피어 있었는데, 필자를 반기는 듯 은은한 향기를 내뿜고 있었다. 그때부터 대만을 느끼면서 대만 생활을 시작하게 된다.

무사히 대만 유학을 마치고 1992년 8월 29일 귀임하여 상공부에서 근무하다가, '주타이베이한국대표부(駐臺北韓國代表部)' 근무 발령을 받고 1993년 7월 21일부터 다시 대만으로 들어가 1994년 8월 9일까지 약 1년간 타이베이(臺北)에서 근무하는 동안에도 대만은 필자를 포근하게 안아주었다. 천혜의 아름다운 자연환경을 지니고 있는 따뜻한 남쪽 나라 대만의 수도 타이베이(臺北)는 필자에게는 잊을 수 없는 고향과도 같은 곳이다.

대만 유학을 필두로 하여, 대만 타이베이(臺北)와 중국 대륙의 베이징(北京), 상하이(上海)에서 근무하고 생활하면서 지득하고, 중국 대륙의 각지와 대만을 돌아다니면서 들여다보고, 대만, 중국과 관련된 업무를 수행하면서 보고, 듣고, 느낀 내용들을 바탕으로 필자의 견해를 피력하기도 하면서, 기억을 더듬어가며, 다이어리를 넘겨보기도 하고, 떠오르는 대로 추억도 하며, 우리의 것들과 곁들여가면서, 대만 정부 등에서 공개하고 있는 자료들을 참고도 하면서, 붓 가는 대로 두서없이 『운흘의 대만 이야기』를 정리하였다.

당초 생각으로는 이 대만 이야기를 중국 이야기와 묶어 한 권의 책으로 출간하고자 했는데, 그 분량이 많아 부득이 나누어 출간하다 보니 두 책들의 내용 중 다소 중복되는 부분이 있음을 이해하여주기 바란다.

또 이 책을 마치면서 필자가 인생을 살아오는 과정에서 나름대로 지득(知得)하고, 상상(想像)한 바를 생각나는 대로 정리한, 「인생여정(人生旅程)」이라는 시구(詩句)를 게재하여 맺음말로 갈음하였다.

혹여 이 『운흘의 대만 이야기』 속에 독자들의 의견과 일치하지 않는 내용들이 있을 수도 있을 것인바, 이는 필자의 개인적인 판단과 견해일 뿐이며 필자의 부족함과 실수일 수도 있으니 넓은 아량으로 양해하여주기 바란다.

덧붙여 필자가 대만과 중국 대륙에 발을 디딜 수 있도록 도와주시고, 그리고 대만과 중국 관련 업무를 하는 과정에서 도움을 주신, 필자의 머릿속에 새겨져 있는 많은 분들에게 본서를 출간하면서 마음속으로나마 깊은 감사 인사를 드리는 바이다.

끝으로 졸저를 출판하는 데 도와주신 출판사 임직원분들에게 감사드린다.

2025년 8월

운홀(雲屹) 신명철(申明澈)

차례

머리말		5
1.	'대만(臺灣) 이야기'로 들어가면서	11
2.	대만의 통치(統治) 이야기	16
	외지인(外地人)들의 지배에 의한 대만 통치	
	중국국민당(中國國民黨)에 의한 대만 통치	
	대만인에 의한 대만 통치	
3.	대만과 중국 대륙 간의 양안관계(兩岸關係) 이야기	33
4.	대만 총통(總統)이 된 차이잉원(蔡英文) 교수의 이야기	42
5.	평화로운 요새지 진먼다오(金門島) 이야기	52
6.	장징궈(蔣經國) 총통이 숨겨온 아들 쌍둥이 형제 이야기	63
7.	한-대만 단교 현장에서 보고, 느낀 이야기	75
8.	타이베이(臺北)에서 머물며 지냈던 이야기	87
	타이베이(臺北)에서 머물며 근무했던 이야기	
	대만에서 즐긴 여가 생활 이야기	
	대만 고궁박물원(故宮博物院)을 드나들다	
	대만의 먹을거리들과 야시장(夜市場) 이야기	

9. 대만인들의 생활 문화와 편리한 시스템들의 이야기　　115
    대만인들의 합리적인 생활 문화
    대만의 편리한 시설들과 선진화된 시스템들
10. 대만인들의 종교와 풍습 이야기　　125
    대만인들의 신앙
    대만인들의 혼례(婚禮)
    대만인들의 장례(葬禮)
    대만의 춘절(春節)과 단오절(端午節) 풍속(風俗)
11. 대만 유학 시절의 이야기　　152
    대만의 교육제도
    대만 유학 시절의 학교 입학 이야기
    대만 유학 시절의 학교생활 이야기
    대만 유학 시절의 중국어 공부 이야기
12. 대만의 자연환경과 명승지들의 이야기　　176
    대만의 태풍(颱風)과 지진(地震)
    화롄(花蓮) 타이루거(太魯閣)협곡과 동서횡관공로(東西橫貫公路)
    아리산(阿里山)삼림공원
    산상(山上)의 호수 르웨탄(日月潭)
    대만 섬의 최남단 컨딩(墾丁)

　　맺음말 - 인생여정(人生旅程)의 이야기　　201

1. '대만(臺灣) 이야기'로 들어가면서

    대만(臺灣)은 우리나라의 3분의 1 정도 크기인 약 36,000㎢의 면적과 2024년 말 기준으로 우리나라의 절반에 약간 못 미치는 정도인 2,300만여 명의 인구를 보유하고 있는 나라다. 대만 국민들의 1인당 소득수준은, 통계적으로 보면 2005년도부터 우리나라가 대만을 추월하기도 했었고, 2022년부터는 대만이 우리를 추월하는 등 우리와 비슷하지만, 삶의 질을 놓고 보면 필자가 대만에 첫발을 디딘 당시 이래 대만 국민들이 우리보다는 더 여유롭게 잘살고 있지 않나 한다.

    대만은 대만해협(臺灣海峽)을 사이에 두고 중국 대륙의 푸젠성(福建省) 해안과 약 200㎞의 거리를 두고 마주하고 있으면서, 태평양 서북쪽의 망망대해에 둘러싸여 북에서 남으로 395㎞의 길이로 길쭉하게 떠 있는 대만 섬과 그 주변의 섬들로 이루어져 있는 섬나라다. 대만 섬은 동서(東西)로 최대 폭이 144km밖에 되지 않지만, 대만 섬에는 동부 지역의 북에서 남의 방향으로 동서(東西)간 평균 약 80km 너비로 태평양을 가로막고 500km나 길게 뻗어 있는 '중앙(中央)산맥'을 비롯하여 '쉐산(雪山)산맥', 대만 최고봉인 해발 3,952m의 '위산(玉山)'이 있는 '위산(玉山)산맥', '아리산(阿里山)산맥' 등의 산맥들에, 해발 3,000m가 넘는 봉우리들이 200여 개가 넘고, 그중에서도 해발 3,500m가 넘는 산들이 40여 개나 된다. 대만 섬은 해발 1,000m 이상인 지대의 면적이 대만 전체 면적의 3분의 2나 차지하고 있는, 고산(高山)지대의 지형을 이루고 있는 특이한 섬이다. 대만의 동쪽으로는 태평양 바다와 접해 있으면서 깎아내린 듯 가파른 절벽을 이루고 있는 곳들도 있지만, 좁지만 태평양 바다와 연안(沿岸)을 이루고 있는 평원(平原)도 있고, 동쪽으로부터 나란하게 뻗어 있는 산맥들과 구릉지(丘陵地)들의 사이사이에 펼쳐져 있는 분지(盆地)들도 있으며, 산맥들을 벗어난 서쪽 중부 지역과 서남쪽의 연해 지역으로는 '장화(彰化)평원'을 비롯한, 대만의 최대 평원인 '자난(嘉南)평원', '핑둥(屛東)평원' 등의 평원들이 펼쳐져 있다.

대만의 기후는, 높은 산악지대는 온대성(溫帶性)기후에 속하지만 평지의 중북부 지역은 아열대(亞熱帶)기후고, 중남부 지역은 열대성(熱帶性)기후에 속해 있다. 필자가 타이베이(臺北)에서 생활하는 동안 느낀 봄은 우리나라처럼 꽃샘추위도 있는 그런 봄이 아니고, 봄이 되면 보슬보슬 비가 내리기도 하는데 우리나라의 초여름 날씨처럼 한낮에는 좀 덥기는 하지만 아침저녁으로는 온화하여 생활하기에 편안한 계절이라는 생각이 들었다. 여름은 일찍 찾아오는데 여름이 되면 아주 더워 햇볕에 노출된 채 걷기가 어려운 정도지만, 한낮에는 스콜이라고 하는 소나기가 한바탕씩 쏟아지기도 하여 잠시 더위를 식혀주기도 한다. 한여름철 일기예보를 보면 타이베이(臺北)의 최고기온보다도 서울의 최고기온이 오히려 더 높을 때도 있기는 하지만, 여름이 길고 습기가 많으니 여름철이 되면 '아… 덥기는 덥다!'라는 말을 수도 없이 하며 지낸다. 밤이면 후끈한 열대야현상이 나타나는데도, 공원이나 야시장(夜市場)에 나가면 여름밤을 즐기는 사람들로 북적인다. 여름철이면 몇 차례씩 태풍이 휩쓸고 지나가기도 한다. 가을이 되면 아침저녁으로는 선선하여 생활하기가 아주 편안하다. 가을이 되어도 우리나라와 같은 아름다운 단풍은 볼 수가 없는데 곳곳에 식재되어 있는, '난수(欒樹)'라고 하는 '모감주나무'들의 푸른 잎 위로 솟아 있는 붉은빛이 도는 우거진 노란 열매들이 마치 아름다운 단풍처럼 보이기도 한다. 겨울이 되면 두 얼굴의 날씨가 있다. 햇볕이 날 때는 반팔 옷들을 입고 다니는데, 구질구질 비가 내리거나 흐리고 습도가 높은 날은 춥게 느껴져 겨울옷들을 입고 다닌다.

변덕스러운 날씨에는 오전에는 패딩 등 겨울옷을 걸치고 다녀야 하고, 오후에는 반팔 옷을 입어야 할 때도 있다. 한겨울은 옥내에서도 춥다는 느낌이 든다. 최저기온이 섭씨 10℃ 이하로 내려가면 한파주의보 내지는 한파경보를 발령하기도 하지만, 얼거나 눈이 오는 경우는 거의 없다. 대만의 북부 지역인 타이베이(臺北)로부터 남쪽으로 내려갈수록 한겨울에도 온화할지니 대만의 그런 기후가, 분지(盆地)와 평원(平原)의 비옥한 땅들에 삼모작(三毛作)을 가능하게 하여, 대만인들의 삶을 풍요롭게 만들지 않았나 한다.

 풍요롭고도 아름다운 섬 대만에서 살아온 대만인들은, 살기 좋은 만큼이나 섬 밖 외부인들의 침입으로 수난(受難)을 당하기도 하고, 지배를 당하기도 하는 등의 어려움도 겪어야만 했다. 과거로 거슬러 올라가보면, 대만은 원주민(原住民)인 여러 부족(部族)들이 그들만의 질서 속에서 평온하게 살아온 섬이었다. 2024년 기준으로 대만에는 '아메이족(阿美族)', '타이야족(泰雅族)', '파이완족(排灣族)' 등 16개의 원주민족(原住民族) 60만여 명이 살고 있다고 하는데, 그들만의 낙원이었던 평온한 섬 대만에 1600년대 초, 무역을 하는 포르투갈 상인들이 방문하면서부터 '아름다운 섬'이라는 뜻의 포르투갈어 '포모사(Formosa)'라는 이름으로 서구 열강들에게 알려지기 시작한다. 그 이후 1624년부터는 네덜란드가, 1626년부터는 스페인이 문물 교류를 내세우며 대만을 침범하는데, 그때부터 대만은 네덜란드의 지배를 받게 된다. 그 이후 대만을 다스리는 대만의 통치 이야기부터 시작하여, 대만과 중국 대륙 간의 양안관계(兩岸關係) 이야기, 대만 총통(總統)이 된 차이잉원(蔡英文) 교수 이야기, 평화로운 요새지 진먼다오(金門島) 이야기, 장징궈(蔣經國) 총통이 숨겨온 아들 쌍둥이 형제 이야기, 한-대만 단교 현장에서 보고 느낀 이야기, 타이베이(臺北)에서 머물며 지냈던 이야기, 대만인들의 생활 문화와 편리한 시스템들의 이야기, 대만인들의 종교와 풍습 이야기, 대만 유학 시절의 이야기, 대만의 자연환경과 명승지들의 이야기 순으로 '대만 이야기'를 이어가고자 한다.

2.
대만의 통치(統治) 이야기

외지인(外地人)들의 지배에 의한 대만 통치

　네덜란드가 대만을 지배하던 시기에, 중국 대륙에서는 '이자성(李自成)의 난'이 일어나 명(明)나라가 멸망하게 되고, 1644년 5월부터는 청(淸)나라가 중국 대륙을 지배하기 시작하는데, 청(淸)나라 초기에 청나라 지배에 불만이 있는 세력들이 명(明)나라를 복원하려는 '항청복명(抗淸復明)운동'을 일으키기 시작한다. 그 시기인 1648년부터 푸젠(福建) 지역에서 항청복명(抗淸復明)운동을 벌이던 정성공(鄭成功) 장군이 1658년 난징(南京)으로 진격을 하다가 청나라 군대에 밀리면서, 1661년 3월 새로운 근거지를 마련하기 위해 25,000여 명의 병력을 몰고 대만으로 들어오는데, 그때 정성공(鄭

成功)이 40년 가까이 대만을 점령하고 있던 네덜란드인들을 물리치고, 1662년 지금의 타이난(臺南)을 거점으로 하여 대만에 정씨왕조(鄭氏王朝)를 세우면서부터 대만이 '중국화(中國化)'되기 시작한다. 그 이후, 청나라가 정씨왕조를 격퇴시키기 위해 대만을 침공하는데, 1683년 정씨왕조가 청나라에 투항하면서 대만은 청나라의 지배를 받게 된다.

대만은 청나라의 통치를 받아오는 동안에 일본의 침공을 받기도 했는데, 1895년 청일전쟁에 패한 청나라가 '시모노세키조약(下關條約)'에 의해 대만을 일본에게 내어주는데 대만은 그때부터 1945년 8월 일본이 패망할 때까지 50년간 일본의 식민 지배를 받게 된다. 대만을 통치하고 있던 바로 그 청(淸)나라가 대만을 일본에게 할양(割讓)해버렸으니 대만인들로서는 침입해 들어오는 일본인들을 자체적으로는 막아낼 힘이 없어 일본의 지배를 받아들일 수밖에 없었는데도 불구하고, 일본 점령 초기에는 강력하게 저항을 했었다고 한다. 점령 초기가 지나면서 대만인들의 저항이 줄어들자, 일본은 무관(武官)이 아닌 민간인을 대만에 파견하여 순한 통치를 하면서 대만인들과의 마찰을 줄여나갔다. 그런 가운데서도 일본인들이 정부 기관의 관리직을 독차지하는 등 대만인들에게 불공평한 대우를 했는바, 이에 불만을 품은 대만인들이 수차례에 걸쳐 반일 무력 투쟁을 벌였지만 별무

효과였다. 태평양전쟁 당시에는 일본 제국에 의해 수많은 대만인들이 강제징용의 피해를 당하기도 했고, 미군의 폭격 피해도 받았으며, 일본에 식량 공출을 당하기도 하는 등 대만인들의 고통은 이만저만이 아니었다.

대만에 침입한 일본인들은 그렇게 대만인들에게 고통을 주기도 했지만, 대만인들에게 새로운 농업기술을 보급하여 농업 생산을 향상시켜 대만인들의 소득을 높여주었고, 각급의 학교를 건립하고 6년 의무교육을 실시하는 등 대만인들의 교육 기회를 확대시켰다. 각 지역마다 병원을 지어 대만인들의 건강을 돌봤고, 위생 등 생활환경을 개선하여 대만인들의 삶의 질을 높이는 데 기여를 했다. 그래서 그런지는 모르겠는데, 일본과 일본인들에 대한 대만 국민들의 감정은 우리와는 달리 그리 나쁘지 않다는 것을 느낄 수가 있었다. 우리의 경복궁 안에 1926년에 건립했던, 지금은 철거되어 없어진 조선총독부(朝鮮總督府) 건물보다도 7년이나 앞서 타이베이 시내 한복판에 1919년에 건립한 대만총독부(臺灣總督府) 건물은 지금도 대만총통부(臺灣總統府) 건물로 사용하고 있다. 타이베이(臺北) 도심의 번화가에는 1980년대부터 대만 사람들이 즐겨 찾고 있는 '타이핑양(太平洋: 태평양)SOGO백화점'을 비롯하여, '웬둥(遠東: 원동)SOGO백화점', '밍야오(明曜: 명요)SOGO백화점', 근래에 지은 '신광싼웨(新光三越: Shinkong mitsukoshi)쇼핑센터' 등 일본 기업들이 투자한 호화로운 대형 백화점들이 들어서 있다. 그 백화점들에는 일본 상품들이 가득하고, 주말뿐만 아니라 주중에도 발 디딜 틈이 없을 정도로 쇼핑객들로 북적인다.

타이베이(臺北) 시내에 있는 공원들을 산책하다 보면 노천 가라오케에서 흘러나오는, 구성지게 목청 높여 부르는 일본 가요의 음악 소리도 들을 수 있었다. 우리로서는 보기가 어려운 모습들이다. 그러한 모습들은 필자가 대만에서 생활하면서 보고 느낀 이후 2023년 11월 23일부터 1주일간 타이베이(臺北)를 방문했을 때를 비롯하여, 그 이전 수차례 대만을 방문했을 때도 별로 그 변화를 느끼지 못했다. 물론 일본이 우리나라를 침략하여 통치를 한 방식과 일본이 대만에 침입하여 통치를 한 방식과는 큰 차이가 있기는 하다. 우리 국민들은 일본 침략 초기부터 강력하게 저항하기 시작하여 지속적으로 맞서 투쟁을 했고 이에 대해 일본은 우리 국민들을 향해 강력한 통치력을 행사했지만, 대만의 경우는 일본 점령 초기에만 저항을 하다가 점진적으로 순응하며 받아들였고, 일본은 대만 국민들을 향해 유화적인 통치를 했는바 대만인들이 가지고 있는 일본에 대한 감정과 우리가 가지고 있는 일본에 대한 감정은 어느 정도의 차이는 있을 수 있다고 본다. 그렇다 해도 대만인들이 일본에 대해 좋은 감정만을 가지고 있을 리는 없을진대, 현명한 대만인들은 더 나은 미래를 위해 과거에 집착하지 않고 대승적인 차원에서 일본을 받아들이고 있는 것이 아닌가 하는 생각이 든다.

우리가 타산지석(他山之石)으로 여겨볼 대목이 아닌가 한다. 과거의 감정에 매달려 미래를 내다보지 못한다면 손실만 당하게 되어 국력 쇠약의 길로 갈 수밖에 없을 것인바, 아픈 역사는 잊지 말아야 하되, 현실을 직시하고 냉철한 이성을 가지고 우리도 경제 강국 일본과 미래를 지향하며 상호 이익이 되는 협력 관계를 유지시켜나가야 한다고 본다.

50년간 일본의 지배를 받아오던 대만은 1945년 8월 일본이 패망하면서 해방을 맞이하게 되는데, 일본은 1945년 10월 대만을 중화민국(中華民國)국민당 정부에게 반환하고 대만을 떠나게 되는바, 중화민국(中華民國)국민당 정부가 대만을 인수받아 통치를 하게 된다.

중국국민당(中國國民黨)에 의한 대만 통치

일본이 패망한 1945년 8월 이후부터, 국민당(國民黨) 정권의 관리들과 민간인들 등 중국 대륙인들이 대거 대만으로 몰려들어와 일본인들이 물러난 자리를 차지한다. 이에 대해 당시의 대만인들은 상대적으로 불이익을 당하고 있다고 여기며 불만을 표출하기 시작한다. 그러한 갈등의 분위기 속에서 1947년 2월 28일, 밀수 담배를 단속하던 국민당 정권의 관리가 길거리에서 좌판을 깔고 밀수 담배를 팔고 있던 상인을 단속하는 과정에서, 상인을 폭행하는 광경을 목격한 지나가던 시민이 과잉 단속을 하는 관리에 대해 항의를 하다가 시비가 붙어 사망하는 사건이 발생하게 된다. 그 사건이 발단이 되어, 대만의 '본성인(本省人: 1945년 이전부터 대만에서 살아온 대만 사람)'과 일본인이 떠난 뒤에 대륙에서 들어온 국민당 관리 등 '외성인(外省人: 1945년 이후 중국 대륙에서 들어온 사람)'들 간에 충돌이 발생하게 되는데 걷잡을 수 없는 사태로 확대되었고, 결국 중국 대륙에서 국공내전의 작전을 수행하던 국민당 군대가 투입되어 많은 희생자를 내고서야 사태가 진정된다. 그 사건이 2월 28일에 일어났다고 하여 대만에서는 '228사건'이라고 하는데, 그 사건은 당시 이후 대만이 민주화되기 이전까지 국민당 정부가 50여 년간 묻어두었던, 대만인들의 가슴 아픈 사건이다.

그 사건을 뒤로한 채 마오쩌둥(毛澤東) 공산당 군대에 의해 수세에 몰린 장제스(蔣介石) 국민당 정부는 1948년 11월, 지니고 다니던 쯔진청(紫禁城) 등에 소장되어 있던 국보급 보물들을 대만으로 옮겨 오는 등 국민당 정부의 대만 이전, 즉 '국부천대(國府遷臺)'를 준비한다. 장제스(蔣介石)의 대만 입성에 앞서 1949년 5월에는 대만 전역에 계엄령을 선포하는데, 장제스(蔣介石)는 그해 12월 그의 아들 장징궈(蔣經國)와 함께 대만에 입성한다. 중국 대륙에서 대만으로 들어온 인원을 공식적으로는 밝히지 않았지만, 1945년 10월 일본인이 대만을 떠난 이후 50만 명의 국민당 군인들을 포함하여 200만 명이 넘는 인원이 대만으로 들어와 대만 전역으로 분산되어 살고 있다는 얘기를 대만인으로부터 들은 바 있다. 장제스(蔣介石)는 대만에 입성한 그 이듬해인 1950년 3월, 총통(總統: 대통령)에 재취임한 이후 1975년 4월 사망할 때까지 계엄령하에서 대만을 통치한다.

장제스(蔣介石) 총통은 중국 대륙에 거의 붙어 있는 진먼다오(金門島)를 사수하면서 본토수복을 내세워 계엄령을 해제하지 않고, 자신에게 반대하는 세력들이 발을 붙이지 못하도록 하면서 엄한 통치를 이어간다. 장제스(蔣介石) 총통은 신해혁명(辛亥革命)을 일으켜 청조(淸朝)를 무너뜨리고 중화민국을 건국한 중산(中山) 쑨원(孫文) 선생을 국부(國父)로 추앙(推仰)하고, 신해혁명을 일으켜 중화민국을 건립한 1911년을 '중화민국 원년(元年)'으로 하는 연호를 사용했으며, 신해혁명(辛亥革命) 기념일인 10월 10일을 '쌍십절(雙十節)' 국경절로 정하여 매년 대대적인 경축 행사를 치르며, 대만인들에게 충성과 애국 사상을 고취시켰다. 장제스(蔣介石) 총통의 생일인 10월 31일을 공휴일로 지정하고, 소학교 교과서에는 장제스(蔣介石) 총통과 쑨원(孫文) 선생의 어렸을 적의 용기와 지혜로운 행위에 대한 이야기와 위대한 공적에 대한 내용들을 실어 우상화했다. 각급 학교들에게 정문에 들어서면 바로 보이는 자리에 장제스(蔣介石) 총통의 동상(銅像)을 세워놓도록 하여 출근하는 교사와 등교하는 학생들이 충성을 다짐하도록 했다. 군영(軍營)들과 공공기관들의 청사(廳舍) 정면이나 공원(公園)들에도 장제스(蔣介石) 총통 동상을 세워놓도록 하였다. 설령 시키지 않았고 경쟁적으로 스스로 세웠다 할지라도, 있어야 할 곳에 없어서는 안 되었을지니, 시킨 것이나 다름이 없다고 본다. 필자가 다녔던 대만국립정치대학의 교정(校庭)에도 가장 높은 언덕의 위치에 장제스(蔣介石) 총통이 군장(軍裝)을 하고 말을 타고 달리는 형상을 하고 있는 거대한 기마동상(騎馬銅像)이 세워져 있었는데, 2019년 11월 5일 방문했을 때는 보이지 않았다. 전(全) 대만에 장제스(蔣介石) 총통의 동상이 무려 1,500여 개나 세워져 있었다고 한다. 민진당(民進黨) 정부 행정원(行政院) 산하의 한시적 기구였던, 2018년 5월부터 2022년 5월까지 운영했다고 하는 '촉진전형정의위원회(促進轉型正義委員會)'에서 장제스(蔣介石) 총통의 동상을 '권위(權威)의 상징(象徵)'으로 여기고 철거하는 방안을 강구(講究)했지만, 각급의 학교나 기관들이 동의하지를 않아 아직도 3분의 2 이상이 원래 세워져 있던 그 자리에 그대로 남아 있다고 하는데 어찌할 도리가 없었다고 한다. 그런 가운데, 대만 각지의 학교들과 공공기관들로부터 기증받은 전신상(全身像), 반신상(半身像), 기마상(騎

馬像) 등 예술적 가치가 있는 200여 개의 장제스(蔣介石) 총통 동상들을 장제스(蔣介石) 부자(父子)의 시신이 안치되어 있는 타오위안(桃園: 도원) 다시(大溪: 대계)현의 츠후(慈湖: 자호) 부근에 1997년 설립했다고 하는 '츠후조각공원(慈湖雕塑公園)'에 늘어놓았다고도 한다. 장제스(蔣介石) 총통의 동상들 대부분은 장제스(蔣介石) 총통 생전에 세워졌던 것들일진대, 권력자 장제스(蔣介石) 총통은 그 많은 동상들을 남겨놓고 1975년 4월 5일 세상을 떠나간다. 장제스(蔣介石) 총통은 독재는 했지만, 재임 기간 동안 공업화를 촉진시키는 등 경제개발 정책을 추진하여 대만 국민들의 소득을 증대시켰고, 9년 의무교육을 실시하는 등 공교육을 강화하는 정책을 추진하여 대만 국민들의 교육 수준을 높이는 등 대만을 발전시키는 공헌은 했다.

장제스(蔣介石) 총통이 사망하면서, 헌법 절차에 의해 옌자간(嚴家淦) 부총통이 총통 직위를 승계하여 1978년 5월까지 총통 직무를 이어가게 되지만, 실권은 장제스(蔣介石) 총통의 아들인 장징궈(蔣經國)에게 있었다. 옌자간(嚴家淦) 총통은 장제스(蔣介石) 총통 시절 장징궈(蔣經國)를 보살펴온 인물로 알려져 있다. 장징궈(蔣經國)는 장제스(蔣介石) 총통 사망 이후 20여 일 만인 1975년 4월 28일 국민당(國民黨) 주석을 이어받는다. 장제스(蔣介石) 총통에게는 또 다른 아들 장웨이궈(蔣緯國)가 있었지만, 권력 밖에 있었다. 그는 세간에 떠돌던 소문대로 장제스(蔣介石) 총통이 사망한 이후 장제스(蔣介石) 총통의 양자(養子)임이 드러났으며, 1997년 병으로 사망하게 되는데 그의 가족들은 미국에서 거주하고 있는 것으로 알려져 있다. 장징궈(蔣經國)는 국민당(國民黨) 정부의 대만 입성 초창기에 정보기관을 장악하여, 국민당(國民黨) 통치에 반대하는 세력들을 체포하는 등 무소불위의 권력을 행사했다고 하는데, 그 이후 부친 장제스(蔣介石) 총통을 보좌하며 국방부장(國防部長: 국방부장관)과 행정원장(行政院長: 국무총리)을 지내는 등 후계 수업을 받아오면서는 건설 현장을 방문하는 등 잦은 지방 시찰을 하면서 농촌 지역 주민들과도 자주 대화하며 실상도 파악하고 애환(哀歡)을 함께하며 돌아다녔는바 대만 국민들의 좋은 평가를 받아왔다고 한다. 장징궈(蔣經國)는 1978년 5월, 제6대 대만 총통으로 취임한 이후로도 강압적인 통치를 하지 않았고, 스스로는 청렴하였고, 부정부패를 척결하였으며, 외성인과 본성인을 평등하게 대우하는 등 선정(善政)을 베풀었다고 한다. 장징궈(蔣經國) 총통은 1987년 7월에는 1949년 5월에 선포하여 38년간이나 시행해온 계엄령을 해제시켜 대만 국민들의 참정권의 문을 열어놓고, 그 이듬해인 1988년 1월 13일 갑자기 세상을 떠난다. 장징궈(蔣經國) 총통은 아버지 장제스(蔣介石) 총통이 추진해온 경제개발 정책을 지속적으로 이어가며 경제를 성장시켰는바, 대만 국민들의 생활수준을 거의 선진국 수준으로 끌어올리는 발전을 이룩하였고, 무엇보다도 장징궈(蔣經國) 총통은 재임 기간 동안 혈육에 의한 후계자를 육성하지 않았는바 대만이 민주화를 이루어나갈 수 있는 길을 열어놓는 큰 공헌을 했다. 장징궈(蔣經國) 총통이 사망한 이후로도 1996년 5월까지는 '국민당일당독재체제(國民黨一黨獨裁體制)'에 의한 통치를 이어간다.

대만인에 의한 대만 통치

장징궈(蔣經國) 총통이 세상을 떠나면서 본성인(本省人) 출신 리덩후이(李登輝) 부총통이 승계하여 잔여 임기인 1990년 5월까지 총통 직무를 이어가게 되는데, 장징궈(蔣經國) 총통이 가지고 있던 국민당(國民黨) 주석을 차지하는 과정에서부터 외성인(外省人) 출신 권력들과의 권력투쟁이 시작된다. '국민당(國民黨) 주석의 선출은, 쑨원(孫文) 선생 서거(逝去) 후의 예(例)에 따라 중앙상무위원회에서 결정하면 된다'라는, 장제스(蔣介石) 총통의 부인 쑹메이링(宋美齡) 여사의 의견에 따라 1988년 1월 27일 중앙상무위원회를 통해 리덩후이(李登輝) 총통이 '대리(代理)'라는 명칭이 붙어 있는 국민당(國民黨) 주석을 차지하게 되지만, 비주류인 외성인(外省人)들과의 권력투쟁이 계속되는 가운데 리덩후이(李登輝) 총통은 그해 7월 정식으로 국민당(國民黨) 주석에 선출된다. 필자가 유학할 당시 언론 보도를 통해 권력투쟁이 진행되고 있음을 알 수 있었다. 대만의 권력투쟁은 리덩후이(李登輝) 총통이 국민당(國民黨) 주석에 선출된 이후로도 계속되어 1990년 2월에 정점을 이뤘다고 하여, 대만에서는 이를 '2월정쟁(二月政爭)'이라고 한다. 그 이후 리덩후이(李登輝) 총통이 1990년 5월 제8대 대만 총통에 선출되어 1996년 5월까지 총통 직무를 계속해서 이어가게 되는데, 쑹메이링(宋美齡) 여사의 권력이 존재하고 있었고 외성인(外省人) 출신의 비주류 세력들이 있어 순탄치만은 않았다. 그런 가운데 쑹메이링(宋美齡) 여사가 1991년 9월 21일 미국으로 아주 떠나면서, 장제스(蔣介石) 일가에 의한 대만 통치 시대는 사실상 막을 내리게 되고 대만인 리덩후이(李登輝) 총통에 의한 대만 통치 시대가 열리게 된다.

쑹메이링(宋美齡) 여사는 장제스(蔣介石) 총통이 사망하자 미국으로 떠나갔다가, 1986년 10월 31일 거행한 장제스(蔣介石) 총통 탄신 100주년 기념행사를 계기로 하여 10여 년 만인 1986년 10월 25일 귀국한다. 그리고 장징궈(蔣經國) 총통이 사망하고 과도기를 거쳐 리덩후이(李登輝) 총통이 제8대 대만 총통으로 선출된 이후인 1991년 9월 21일, 쑹메이링(宋美齡) 여사는 아주 미국으로 떠나갔는바, 당시 '중국시보(中國時報)' 등 대만의 일간신문들이 제1면

상단에 "쑹메이링(宋美齡) 여사여, 안녕히 가십시오!(宋美齡女士, 一路平安!)"라는 문구를 대서특필로 게재하면서 "리덩후이(李登輝) 총통이 문무백관(文武百官)들을 이끌고 중정(中正)공항에 나가서 '쑹메이링(宋美齡) 여사의 영구출국'을 환송했다"라는 보도들을 했었다. 당시 그 기사들을 보면서 대만의 당(黨), 정(政), 군(軍)의 모든 권력이 리덩후이(李登輝) 총통에게 이동되었다는 것을 알 수가 있었다. 리덩후이(李登輝) 총통은 고삐를 늦추지 않고 정치 개혁을 추진하여, 총통(總統: 대통령)을 비롯하여 대만성장(臺灣省長), 타이베이(臺北)시장, 가오슝(高雄)시장 등 지방행정수장(首長)의 직선제(直選制) 개헌(改憲)을 이루어낸다. 대만에서는 리덩후이(李登輝) 총통이 주도한 '정치 개혁과 민주화 운동'을 평화롭게 이루어냈다고 하여 '영정혁명(寧靜革命)'이라고 호칭한다. '국민당(國民黨) 일당독재에 의한 통치 체제'에서 '정권교체를 이룰 수 있는 대만 민주주의 체제'로의 기틀이 마련된 것이다. 차기 제9대 대만 총통 선거부터 시행하도록 되어 있어, 1996년 3월 대만 역사상 처음으로 대만 국민들의 자유의사에 의한, 임기 4년의 대만 총통 직접선거가 실시된다. 당시 집권 국민당(國民黨)에서는 리덩후이(李登輝) 총통이 후보로 나섰고, 반대당(反對黨: 야당)인 민진당(民進黨)에서는 대만 민주운동가인 펑밍민(彭明敏)을 후보로 내세웠지만 리덩후이(李登輝) 후보가 압승하여 직선에 의한 제9대 대만 총통에 당선이 된다. 그때부터 대만인들이 대만 통치를 하는, 대만 자유민주주의의 서막이 오르게 된다.

　리덩후이(李登輝) 총통 4년 임기 후인 2000년도에는, 집권 국민당(國民黨)의 롄잔(連戰) 후보와 무소속의 쑹추위(宋楚瑜) 후보, 민진당(民進黨)의 천수이볜(陳水扁) 후보가 선거전을 벌여 야당인 민진당(民進黨)의 천수이볜(陳水扁) 후보가 제10대 대만 총통에 당선되면서 대만 정치 사상 최초로 정권교체를 이루게 된다. 대만의 직선제 총통 제도는 그 이후 정착되어간다. 2004년도에는 집권하고 있는 민진당(民進黨)의 천수이볜(陳水扁) 총통과 국민당(國民黨)의 롄잔(連戰) 후보가 격돌하여 천수이볜(陳水扁) 총통이 박빙의 승리를 거둬 연임을 하게 되는데, 대만 헌법에 1차에 한하여 중임을 할 수 있도록 규정되어 있어 천수이볜(陳水扁) 총통은 연임을 마치고 물러나게 된다. 2008년도에 실시한 제12대 총통 선거에서는 집권여당인 민진당(民進黨)에서는 가오슝(高雄)시장을 지낸 셰창팅(謝長廷)을 후보로 내세웠지만 타이베이(臺北)시장을 지낸 국민당(國民黨)의 마잉주(馬英九) 후보에 의해 다시 정권이 교체된다. 2012년도에 실시한 제13대 총통 선거에서는 민진당(民進黨)에서는 차이잉원(蔡英文) 후보를 내세웠지만, 집권을 하고 있는 국민당(國民黨)의 마잉주(馬英九) 총통에 의해 재당선이 되고, 2016년도에 실시한 제14대 대만 총통 선거에서는 민진당(民進黨)의 차이잉원(蔡英文) 후보가 국민당(國民黨)의 주리룬(朱立倫) 후보를 누르고 총통에 당선되어 또다시 정권교체를 이루게 된다.

　차이잉원(蔡英文) 총통이 집권하고 있을 때인 2019년 11월 초순에 필자가 대만을 방문했었는데, 2020년 1월 11일(토요일)에 실시 예정인 제15대 대만 총통 선거운동의 열풍이 한창 불고 있었다. 당시 민진당(民進黨)에서는 차이잉원(蔡英文) 총통이 후보로 선정되어 유세전(遊說戰)에 돌입해 있었고, 국민당(國民黨)에서는 한궈위(韓國瑜) 가오슝(高雄)시장이 총통 후보로 선정되어 유세전을 벌이고 있었는데, 공교롭게도 차이잉원(蔡英文) 후보의 '잉원(英文)'이라는 이름은 '영어(英語)'라는 뜻이 있고, 한궈위(韓國瑜: 한국유) 후보의 성명은 중국어로 '한국어(韓國語: 한궈위)'라는 발음과 같다고 하여 대만인들 사이에서 '영어(英文: 잉원)와 한국어(韓國語: 한궈위)의 대결이라고 농담들을 한다' 하는 재미있는 얘기를 듣고 웃어넘긴 일이 있었다. 2020년 1월 11일에 실시한 제15대 대만 총통 선거에서는 집권을 하고 있던 민진당(民進黨)의 차이잉원(蔡英文) 총통이 압도적인 득표로 국민당(國民黨)의 한궈위(韓國瑜) 후보를 물리치고 재당선이 되어, 2024년 5월 20일까지 4년간 더 대만 통치를 이어간다.

　필자가 2023년 11월 하순에 대만을 방문했을 때도 2024년 1월 13일(토요일)에 실시하게 되는 제16대 대만 총통 선거의 선거운동이 벌어지고 있었는데, 제15대 총통 선거운동 기간이었던 2019

년 11월 초순에 필자가 대만을 방문했을 때보다 선거일은 더 촉박해 있었는데도 오히려 분위기가 비교적 조용했었다. 선거법이 개정되어 총통 선거운동 기간이 줄어서 그렇다고 했는데, 당시 민진당(民進黨) 후보로는 전(前) 타이난(臺南)시장과 행정원장을 역임하고 민진당(民進黨) 주석직을 맡고 있는 라이칭더(賴淸德) 현직 부총통이 후보로 확정되어 있었고, 신베이(新北)시장을 지낸 국민당(國民黨)의 허우유이(侯友宜) 후보와 타이베이(臺北)시장을 지낸 민중당(民衆黨)의 커원저(柯文哲) 후보 간 후보단일화를 추진하고 있었는데, 필자가 타이베이(臺北)에 방문해 있었을 그때 결렬이 되어 3파전으로 선거를 치르게 된다. 당시의 대만 여론은 민진당(民進黨)의 라이칭더(賴淸德) 후보가 유리한 것으로 보고 있었는데, 막바지에 이르러 선거전이 치열하기는 했지만 예상했던 대로 민진당(民進黨)의 라이칭더(賴淸德) 후보가 제16대 대만 총통에 당선되면서 2028년 5월까지의 임기 동안 기존 민진당(民進黨) 정책 노선을 이어갈 수 있게 된다. 대만의 독립을 주장하는 민진당(民進黨)을 견제하는 중국의 무력시위 속에서 치러진 선거였지만 결정적인 영향을 미치지는 못했다. 대만 민주주의가 성숙되어 있음을 보여준 것이 아닌가 한다. 향후에도 대만의 선거 과정에서뿐만 아니라 선거 후에도 독립을 주장하는 민진당(民進黨)이 집권을 하든, 독립을 하지 않는다고 하는 국민당(國民黨)이 집권을 하든, 중립 성향의 제3당이 집권을 하든 강도의 차이는 있을지언정 대만에 대한 중국 대륙의 압력은 계속될 것으로 예상되지만, 이미 본성인(本省人)이나 외성인(外省人)이 하나의 대만인이 되어 있는, 대만인이 주인인, 대만인에 의한, 대만의 자유민주주의 통치 체제는 이변(異變)이 없는 한 앞으로도 지탱될 것으로 본다.

3.
대만과 중국 대륙 간의
양안관계(兩岸關係) 이야기

    대만과 중국 대륙 간의 양안관계(兩岸關係)를 들여다보면, 장제스(蔣介石) 총통이 패주(敗走)하여 1949년 12월 대만으로 들어온 이후, 마오쩌둥(毛澤東) 주석이 중국 대륙을 통치하는 동안은 대만과 중국 대륙이 적대적인 관계에 있었지만, 1978년 덩샤오핑(鄧小平)이 집권한 이후 중국이 개혁개방 정책을 추진하면서부터는 중국 대륙과 대만과의 적대적인 냉전 관계가 해소되었다. 중국 대륙은 그러한 가운데서도 '하나의 중국(一個中國) 원칙'을 내세우며, 대만과 외교 관계를 맺고 있는 나라들이 중국과 수교하려는 경우 제1의 조건으로 대만과의 국교단절을 요구하여 대만을 외교적으로 고립시켰을 뿐만 아니라, 중국 대륙은 대만의 민주화 추진 과정에서 압박을 가하기도 했고, 대만 정부가 외교 활동이나 대내 정

치를 하면서 '하나의 중국 원칙'에 벗어난 주장을 하면 중국 대륙은 대만을 향해 경고를 하고 보복하는 등의 압력을 가하여 긴장을 조성시키기도 했다.

대만은 그러한 상황 속에서도 중국 정부의 개혁개방 정책 추진에 호응하며 대만 기업들의 대중국 투자 진출을 허용하고, 다방면에서 중국 대륙과의 교류와 협력을 확대시켜나갔다. 특히 대만 기업들에 대한 중국 정부의 특별 우대 정책 추진으로 대만 기업들이 우후죽순처럼 중국 투자 진출의 러시를 이루기도 했다. 필자가 상하이(上海)에서 근무하고 있었을 때인 2000년도경에는 상하이(上海)시를 포함한 인근 지역에 100만여 명의 대만인들이 거주하고 있다고 했고, 중국 전역에는 수백만 명의 대만인들이 거주하며 드나들고 있다고 했었다. 당시에는 대만과 중국 대륙 간 직항노선도 없었는바, 대만인들은 주로 홍콩과 인천공항 등을 경유하여 불편하게 중국 대륙을 오갔다. 한 나라의 경제는 투자와 소비에 의해 성장하고 발전하게 되는데, 거의 대부분의 대만 기업들이 중국 대륙에 투자를 하고 있었고, 더구나 대만에서 중국 간 직항노선이 없어 불편하니 자연히 대만 기업인들의 중국 체류기간이 늘면서 소비조차도 중국 대륙에서 이루어지게 되었는바, '대만 경제에 공동화현상이 일어나겠구나!' 하는 생각이 들기도 했었다. 하지만 대만에서 생산된 원재료나 부품을 들여다 중국에서 제조하여 중국에 내수 판매를 하거나 제3국에 수출하기도 하고, 중국 대륙에서 원재료나 부품을 생산하여 대만으로 들여다 제조하여 수출하기도 하여 대만 기업들은 수익을 올리고 대만 경제는 성장을 이루어나갔는바, 대만의 기업과 대만 경제는 중국 대륙에 의존할 수밖에 없는 상황에 처하게 된다.

상황이 그렇다 보니, 중국 정부가 대만을 향해 압력을 가하거나 보복을 가하게 되면 중국 대륙에 진출해 있는 대만 기업들에게는 물론 대만 경제에도 영향이 미치게 되어 있었다. 그럼에도 불구하고 양안관계(兩岸關係)는 순탄치 않았다. 대만이 민주화되어 첫 번째 직선 총통 선거를 실시하기 전인 1995년 7월과 1996년 3월에는, 중국이 대만해협에서 대규모 군사훈련을 실시하면서 미사일을 발사하는 등의 무력시위를 벌여 대만을 압박하기도 했다. 1999년 7월에는 국민당(國民黨) 리덩후이(李登輝) 총통이 국민당 정부의 정책 기조인 '일국양부(一國兩府)'를 벗어난 '일중일대(一中一臺)'의 '양국론(兩國論)'을 주장하면서 양안관계(兩岸關係)가 악화된다. 2000년 3월 실시한 제10대 대만 총통 선거에서는 진보정당인 민진당(民進黨)의 천수이볜(陳水扁) 후보가 집권 보수정당인 국민당(國民黨)의 롄잔(連戰) 후보를 누르고 총통에 당선되면서 최초로 정권교체를 이루게 되는데, 천수이볜(陳水扁) 총통이 2002년 7월 민진당(民進黨) 주석에 취임하면서 "대만은 별개의 독립국가"라며 '일변일국(一邊一國)'을 주장하는바, 양안관계(兩岸關係)는 더욱 악화되어 일촉즉발의 위기를 맞기도 했었다.

천수이볜(陳水扁) 총통이 연임을 하면서 8년간 집권을 하게 되는데, 2003년 10월부터 집권을 시작한 중국의 후진타오(胡錦濤) 주석이 양안관계(兩岸關係)에 유연한 입장을 견지하는바, 경제 분야의 협력 등 양안(兩岸)간의 교류는 원활하게 이루어진다. 2005년도에는 2004년 총통 선거에서 패배한 국민당(國民黨) 롄잔(連戰) 주석이 중국을 방문하여 후진타오(胡錦濤) 주석과 회담을 하는 등 활동을 하고 돌아와 양안(兩岸)간 긴장을 완화시키는 데 일조를 한다. 그 이후 2008년부터 집권하게 된 국민당(國民黨)의 마잉주(馬英九) 총통은, '통일을 하지 않고(不統), 독립을 하지 않으며(不獨), 무력을 행사하지 않는다(不武)'라는 '신3불(新三不) 정책'을 주장한바 양안관계(兩岸關係)가 개선이 된다. 2008년 12월에는 대만과 중국 대륙의 거의 모든 성시(省市)의 주요 지역 간 정기 직항노선이 열리게 되고, 2010년 6월에는 양안(兩岸)간의 자유무역협정인 '경제협력기본협정(經濟合作架構協議: ECFA-Economic Cooperation Framework Agreement)'이 체결된다. 제14대 대만 총통 선거를 앞두고 2015년 11월에는 싱가포르에서 마잉주(馬英九)와 시진핑(習近平) 간 정상회담을 개최하게 되는데, 양안(兩岸)간의 긴장이 더욱 해소되어 협력과 화해의 무드가 조성된다.

하지만 2016년 1월 16일 실시한 제14대 총통에 당선되어 정권교체를 이룬 민진당(民進黨)의 차이잉원(蔡英文) 총통은 "독립을 시도하지 않고, 현상을 유지하겠다(維持現狀)"라고 하면서도, 중국이 주장하는, 1992년 11월 홍콩에서 대만의 반관기구(半官機構)인 '해협교류기금회(海峽交流基金會)'와 중국의 반관기구인 '해협양안관계협회(海峽兩岸關係協會)' 간 구두(口頭) 합의한 '하나의 중국(一個中國) 원칙'인 '92공식(九二共識)'은 인정하지 않는다는 입장을 밝힌 바, '중화민족의 위대한 부흥(中國夢)'을 내세우며, 강한 통치를 펼쳐나가는 중국의 시진핑(習斤平) 주석과 대립이 되면서, 양안관계(兩岸關係)는 다시 경색되기 시작한다. 차이잉원(蔡英文) 총통은 2018년 11월 실시한 지방선거에서 야당인 국민당(國民黨)에게 패배를 당하고, 2019년 8월에는 중국 대륙 당국으로부터 중국인 대만 관광 전면 중단 조치를 당하는 등 위기에 직면하기도 했지만, 차이잉원(蔡英文) 총통은 2019년 1월 신년교서에서 중국이 내세우는 '일국양제(一國兩制)'를 수용하지 않을 것이라고 밝혔다. 이에 대해 중국의 시진핑(習斤平) 주석은 "대만이 독립을 시도할 때는 무력(武力) 사용을 불사(不辭)하겠다"라며 경고를 한다. 차이잉원(蔡英文) 총통은 그러한 상황 아래에서 대만의 평화를 확고히 지키기 위해 중국과의 마찰을 감수하면서도 미국의 '인도태평양전략'에 적극 호응하는 등 미국과 상호 긴밀한 협력 관계를 강화하여 유지시키면서, 중국 대륙의 위협과 거센 무력시위에도 불구하고 첨단 무기를 도입하는 등으로 방위 태세를 강화시켰고, 미국은 2019년 8월 이후 대만을 전략적 기지로 삼아 군사적 지원을 확대해오고 있다.

중국은 2019년 8월에 중국인들의 대만 자유여행을 금지시키는 조치를 취하고, 군사훈련을 확대 실시하는 등 무력시위를 하는바 대만 경기(景氣)가 냉각되자, 차이잉원(蔡英文) 총통은 2020년 1월에 실시하는 총통 선거를 앞두고 지지율이 급격히 하락하는 위기를 맞게 된다. 그런데 중국인 관광객이 줄어든 부분은 같은 시기인 2019년 8월부터 악화되기 시작한 한일(韓日) 간의 갈등으로 인해 양국 상호 감소된 한국인과 일본인 관광객들이 대만으로 몰려들게 되면서 메꾸어지게 되고, 미중(美中) 간 무역 전쟁으로 미국이 중국산 제품에 대해 무차별적으로 관세를 부과하게 된 데 따라 제품 가격이 상승하게 되어 대미국 수출길이 막히게 된 중국에 진출한 많은 대만 기업들이 견디지 못하고 U턴하여 대만으로 돌아오면서 대만의 경기가 회복되기 시작했다. 차이잉원(蔡英文) 총통은 중국의 의존도를 낮추기 위해 동남아 국가들 및 인도, 호주, 뉴질랜드 등 국가들과도 협력 관계를 구축하는 '신남향(新南向) 정책'을 추진하였고, EU, 일본 등과도 경제협력을 강화하여, 불안한 양안관계(兩岸關係)를 극복하면서 대만을 안정적으로 발전시켰다. 중국의 간섭을 반대하는 홍콩 주민들의 격렬한 시위가 장기화되는 과정에서, '일국양제(一國兩制)'의 홍콩 위기를 바라본 대만인들 사이에서 반중국정서(反中國情緖)가 확산되면서 친(親)중국 성향의 국민당(國民黨)을 지지하던 상당수의 대만인들이 독립된 국가로의 지위를 추구하려는 민진당(民進黨)의 지지로 돌아서면서 차이잉원(蔡英文) 총통은 위기를 모면하게 되고, 2020년 1월에 실시한 총통 선거에서 압도적인 지지로 재당선이 되어 통치를 이어가게 된다. 총통 선거와 함께 실시한 입법의원 선거에서도 집권당인 민진당(民進黨)이 과반의 의석을 차지하였는바, 차이잉원(蔡英文) 총통은 안정적인 통치 기반을 확보한 상태에서 후반기 4년간의 집권을 이어갈 수 있게 된다.

차이잉원(蔡英文) 총통은 위와 같이 안정적인 통치 기반을 발판으로 하여 중국 대륙과의 관계에 있어서 중국이 주장하고 있는 '하나의 중국'과 '일국양제(一國兩制)'를 당당하게 거부하면서도, 중국과의 갈등과 대결을 유발시키는 '대만 독립'을 추구하는 정책은 성급하게 추진하지 않았다. 차이잉원(蔡英文) 총통은 2000년부터 2004년까지 4년 동안이나 '중국국무원 대만판공실'과 대응하면서 양안(兩岸) 간 교류와 협력을 추진하는 기관인 '행정원 대륙위원회'의 주임(主任: 장관급)을 역임하면서 양안관계(兩岸關係)의 해법과 대응 방안을 마련한 경험을 가진 '양안관계(兩岸關係) 문제의 전문가'다. 합리적인 성향의 협상 전문가이기도 한 차이잉원(蔡英文) 총통은 집권 과정을 포함하여 그간 축적한 양안관계(兩岸關係)

의 경험을 바탕으로 하여 중국을 견제하기도 하고, 중국과의 대화와 협력을 추진하면서 현상을 유지하는 상태에서 평화를 유지시켜왔다. 차이잉원(蔡英文) 총통에 이어 새로이 집권하게 된 라이칭더(賴淸德) 총통도 차이잉원(蔡英文) 총통 시절 부총통을 하면서 차이잉원(蔡英文) 총통과 호흡을 맞춰 추진해온 양안정책(兩岸政策)을 그대로 이어갈 것으로 본다.

중국 대륙은 '하나의 중국' 원칙을 견지(堅持)하면서 외교적으로는 대만을 고립시키는 정책을 추진해오면서도, 경제적으로는 대만 기업들의 대(對)중국 투자를 장려하는 정책을 병행하여 추진해왔고, 민간인들 간의 교류와 협력을 확대시키는 등의 포용정책을 추진해왔었는데, 시진핑(習近平) 주석 이후, 특히 시진핑(習近平) 주석이 장기 집권 체제의 확립을 추진하면서부터는 대만에 대해 빈번(頻繁)하게 무력시위를 하기도 하는 등 강경한 대(對)대만 정책을 추진해오고 있다. 중국 내부적으로 권력의 지지율이 떨어진다거나 권력 유지에 불안이 초래되어 내부 결속이 필요해진다면 더 강경한 대(對)대만 정책을 추진할 가능성도 있다고 본다. 하지만 대만의 경제력이 중국 대륙 경제에 미치는 영향이 만만치 않을지니, 중국으로서는 대(對)대만 강경 정책을 추진함에 있어서 신중을 기할 수밖에 없다고 보는데, 결국 중국은 대만에 대해 대만 독립을 저지하는 선에서의 양안관계(兩岸關係)를 유지할 것으로 본다.

  필자의 견해(見解)를 종합해보면, 대만과 중국 대륙 간의 양안관계(兩岸關係)는 대만이 중국을 공격하여 평화를 깨트릴 위험이 전혀 존재하지도 않는데도 불구하고 문화대혁명(文化大革命)보다도 더 큰 오류를 범하게 될 수도 있는 섣부른 판단으로, 중국이 무력(武力)으로 대만을 공격하여 대만은 물론 중국 대륙에 막대한 피해를 입히며 장제스(蔣介石) 총통 시절이래 전략적으로 대만을 방위해오고 있는 미국과의 충돌을 야기시키면서까지 무리하게 전쟁을 일으킬 가능성은 희박하다 할 것이니, 특별한 상황의 변화가 없는 한 중국이 주장하고 있는 '하나의 중국 원칙'과 대만이 추구하고자 하는 '독립'의 사이에서 마찰을 빚기도 하고, 상호 이익을 위한 경제적인 협력을 추진하기도 하면서, 불완전(不完全)한 현재의 상태에서 균형(均衡)을 이루며 평화(平和)를 유지해나갈 것으로 본다.

4.
대만 총통(總統)이 된
차이잉원(蔡英文) 교수의 이야기

　대만의 차이잉원(蔡英文) 총통은 필자가 1990년 9월부터 2년간 대만국립정치대학(臺灣國立政治大學) 국제무역(國際貿易)연구소(研究所: 대학원)에 다니던 때, 대만국립정치대학(臺灣國立政治大學)의 법률(法律)연구소 교수로 재직하면서 국제무역(國際貿易)연구소에서 개설한 '국제경제무역법(國際經濟貿易法)'과 '국제상사법(國際商事法)' 등의 과목을 강의하신 교수님이다. 필자가 국제무역(國際貿易)연구소에 다니던 2년 4학기 동안 매 학기 한 과목씩 차이잉원(蔡英文) 교수님의 과목을 수강했었다. '국제경제무역'과 '국제상사' 관련 전문적이면서도 실무적인 '국제경제무역법규'의 과목들로 선택과목들이었는데, 필자의 입장에서는 수업하기가 비교적 수월한 과목들이었고 귀국 후 업무와도 연관이 있어 유익한 과목들이었다.

  당시 중화민국(中華民國: 대만) 정부는 'GATT(관세무역에 관한 일반협정)'에의 재가입을 적극 추진하고 있었다. 중화민국(中華民國: 이하 '대만'이라 호칭하고자 한다)은 1947년 GATT의 창립회원국으로 가입했지만 1950년 탈퇴하였고, 당시 재가입을 추진하고 있었는데 그에 대비한 준비를 한창 진행하고 있었다. 당시 수업 참고 자료로 배포한, 대만경제부(經濟部) 산하의 국제무역국(國際貿易局) 자료에 의하면, 대만 정부는 GATT에의 가입에 대비하여 각 소관 부처별로 농업 문제, 지식재산권 문제, 관세와 비관세 문제, 서비스업 문제, 저작권 문제, 투자 문제 등 각 분야에서 미치는 영향 등을 검토하고 문제점들에 대한 대책을 마련하면서 국가별로 협상을 진행하거나 협상을 준비하고 있었는데, 그 내용들에 대해 하나하나 분석도 하고, 대만의 국내 관련법을 개정해야 하는 문제 등 대응 방안들에 대해서도 심도 있는 토론을 진행했었다. 또한 GATT에 규정된 반덤핑(Anti-Dumping), 상계관세, 긴급수입제한조치(Safeguard), 보조금 등 관련 조문들을 해석하고, 그 분쟁 사례들을 공부했던 기억도 난다. 우리나라는 GATT의 가입국이었는바, 그 분쟁사례들은 회원국 상호 간은 물론 비회원국들과도 관련이 있는 조문들이어서 흥미가 있었다. 당시 국민당(國民黨) 정부인 대만경제부는 1992부터 차이잉원(蔡英文) 교수를 '국제경제기구법률고문(國際經濟機構法律顧問)'으로 위촉하고, 차이잉원(蔡英文)

교수를 '대만 GATT가입협상 수석대표'로 임명하여 세계 각국의 GATT 회원국들과 대만의 GATT 가입과 관련한 협상을 주도하도록 하였다. GATT가 1995년 1월 WTO(세계무역기구) 체제로 개편이 되는데, 대만 경제부는 그 이후로도 2000년까지 차이잉원(蔡英文) 교수 주도하에 대만 WTO 가입협상을 마무리하도록 하여, 2002년 1월 대만을 WTO에 정식으로 가입시킨다.

당시 필자가 수강했던 다른 과목들의 교수들도 마찬가지였지만, 차이잉원(蔡英文) 교수는 수업 시간 내내 아주 열심히 진지하게 강의를 진행했다. 항상 수업 시작 시간 전에 강의실에 도착해서 강의 시작을 기다린다. 100분간 진행하는 수업 시간을 줄여서 강의를 끝낸 적도 없다. 한 학기에 대개 6~7명의 학생들이 수강을 했는데, 언젠가 우연히 여러 학생들이 결석을 하는 바람에 필자와 또 한 학생까지 2명만이 출석했는데도 평상시와 똑같이 끝 시간까지 진지하게 강의를 진행한 적도 있다. 필자가 국제무역(國際貿易)연구소에 다니는 동안 매 학기가 끝날 때, 즉 종강을 할 때면 교수님들이 자기 과목을 수강한 학생들을 초청하여 점심 식사나 저녁 식사를 대접하는 아름다운 전통이 있었다. 대개 학교 근처에 있는 식당에서 식사를 하는데, 차이잉원(蔡英文) 교수는 종강을 하고 나면 자택에서 자신의 과목을 수강한 학생들에게 식사를 대접했다. 필자가 수강을 한 차이잉원(蔡英文) 교수의 과목에는 매 학기 6~7명 정도의 학생들이 수강을 했는데, 차이잉원(蔡英文) 교수가 강의하는 다른 과목의 학생들을 포함해서 대개 15명 내외의 학생들을 매번 초청하곤 했었다. 차이잉원(蔡英文) 교수는 타이베이(臺北) 시내의 둔화남로(敦化南路)에 있는 고급 주택가의 아파트 7층에 거주하고 있었다. 차이잉원(蔡英文) 교수의 아파트는 대형의 고급 아파트로 겨울철의 행사 때는 따뜻한 바람이 나오는 난방시설이 되어 있어 집 안이 훈훈했다. 당시 타이베이(臺北)에 있는 대부분의 일반 주택들은 난방시설이 거의 없었는바 그 부유함을 바로 느낄 수 있었다. 거실의 천정에는 품위 있는 샹들리에가 매달려 있었고, 식탁에는 풍부한 음식이 차려져 있다. 학생들이 위축되어 분위기가 엄숙할 것 같은데도 그렇지가 않다. 와자지껄 자유스럽게들 얘기하고, 그 사이에 차이잉원(蔡英文) 교수도 끼어들고, 재미있는 시간이 이어진다. 그때 언젠가 한번은 장난기가 있는 한 학생이 갑자기 불쑥 큰 소리로, 사투리인 '대만 말'로 한마디 얘기를 하는 바람에 좌중에서 배꼽을 잡는 폭소가 터졌다. 그야말로 대박이 난 것이다. 당시만 해도 장제스(蔣介石)의 대만 입성 이후 쭉 이어진 국민당(國民黨) 정권의 정부 시절이었는바, 학교나 정부 기관이나 식자(識者)들의 사회에서는 사투리인 '대만 말'의 사용이 금기(禁忌)시되어 있었다. 더구나 배우는 학생들은 더더욱 그랬었을 것이니, 좌중에서 웃음이 터진 것이다. 이 대목에서 '대만 말'에 대해 잠시 들여다보고 넘어가고자 한다.

대만의 본성인(本省人)들이 사용해온 '대만 말'은, 소수민족들마다 다르기는 하지만 주로 민난(閩南: 민남) 지방에서 사용하는 '민난어(閩南語)'로, 1945년 이후 중국 대륙에서 넘어온 200여만 명이나 되는 대부분의 외성인(外省人)들은 알아들을 수가 없었으니, 1949년 12월 대만에 입성한 장제스(蔣介石)는 국민당 정부의 조기 대만 안착을 위한 시급한 과제 중의 하나로 '표준중국어'로 언어를 통일시키는 정책을 추진시켰다고 한다. 표준중국어의 보급 정책은 학교 교육을 통해서 추진하게 되는데, 표준중국어 보급 정책을 추진하는 과정에서 초등학교에서는 대만 말을 하다 적발되는 학생들에게 가슴에 빨강색 꼬리표를 한 장씩 붙여주어 부끄러움을 느끼도록 했었다고도 하니 그 폭소 소리가 이해가 간다. 하지만 필자가 유학할 당시에도 나이가 든 본성인(本省人)들은 대만 말을 사용했었고, 총통이 신년인사 등 연설을 할 때는 표준중국어로 먼저 하고 나서 '대만 말'로 한 번 더 연설을 했었다. 국부천대(國府遷臺) 이전에 대만 말을 사용했었을 본성인(本省人) 출신의 리덩후이(李登輝) 총통이 직선제 선거에 의해 총통에 당선된 1996년 이후부터는 공직자들도 대만 말을 사용하기 시작했다고 하는데, 대만 말을 할 줄 모르는 정부 관리(官吏)들은 출세를 위해 몰래 숨어서 대만 말을 배우기도 했다고 하니 아이러니한 격세지감을 느끼게 했다. 그 이후 정권이 교체되기도 하는 과정에서 더 많이 달라져, 2019년 1월에는 '국가어언발전법(國家語言發展法)'을 제정하여 대만의 소수민족들이 사용하는 언어를 지역별 공용어로 지정할 수 있도록 하고 있다. 하지만 공식적으로는 표준중국어가 공용어로 사용되고 있고, 오히려 대만 말을 잘 할 줄 모르는 대만 사람들도 있을 뿐만 아니라, 말만 다를 뿐 사용하는 문자도 동일한 한자(漢字)인바, 설령 대만이 독립된다 해도 '대만 말'로의 공용화를 시도하여 혼란을 야기시키는 역의 방향으로 나가지는 않을 것이라고 본다. 대만은 그 국가어언발전법(國家語言發展法)을 근거로 하여, 2030년을 목표로 영어를 제2의 공용어로 추가하려는 정책을 추진하고 있어 귀추가 주목된다. 다시 차이잉원(蔡英文) 교수의 이야기로 이어가고자 한다.

차이잉원(蔡英文) 교수는 대만대학(臺灣大學) 법률학과를 졸업하고 미국 뉴욕에 있는 코넬대학 법학대학원에서 법무석사과정(LL.M.)을 이수한 후, 영국 런던정치경제대학에서 법학박사(Ph.D.) 학위를 취득한 '국제경제무역법' 전문가다. 차이잉원(蔡英文) 교수는 정치대학의 '법률연구소' 소속 교수였지만, '국제무역연구소'에서 개설한 '국제경제무역법' 관련 과목도 강의를 했다. 국제무역연구소 내의 유일한 여성 교수였는데, 미모의 얼굴로 언뜻 보기에는 약간은 차가워 보였지만 아주 온화한 성품이었다. 그 온화함 속에서도 강인한 지성미가 넘치는 실력이 있는 성실한 교수로 학생들의 존경을 받았으며, 학생들의 선망(羨望)의 대상이었다. 당시 학생들은 차이잉원(蔡英文) 교수에 대해 "부친이 영어(英語)를 잘하라고 '잉원(英文: 영문)'이라는 이름을 지어줬다는데, 성공을 했다"라고 하며, "부친이 큰 사업을 하는 가정에서 태어나서 경제적으로도 아주 부유하다"라는 얘기들을 했는바, 필자는 그냥 '아… 그렇구나!' 하고 웃으며 흘려들은 적이 있었다. 그러나 필자가 수강을 하는 동안의 차이잉원(蔡英文) 교수는 항상 꾸밈이 없는 자연스러운 청순한 얼굴에 옷차림도 검소했고, 아주 겸손하였는바 모습만으로는 부유함을 느낄 수 없었다.

유교경전(儒敎經典)인 『효경(孝經)』에는, 효(孝)는 도덕의 근원이며 효(孝)를 실천함으로써 천하를 다스릴 수 있다고 했다. 차이잉원(蔡英文) 교수가 저술한 『국제무역법연구(國際貿易法專題研究)』라는 책머리의 한 페이지에는, 큰 글씨체로 "삼가 이 책을 필자의 아버님과 어머님께 드린다(謹以此書獻給我的父親和母親)"라는 문구가 인쇄되어 있다. 이는 차이잉원(蔡英文) 교수가 평소 부모님께 효도하며, 부모님을 공경하고 있음을 보여주는 단면이라고 생각한다. 그러한 효성(孝誠)과 그분의 실력과 성실함, 겸손함과 평소의 검소한 차림 등의 사실들은 당연히 학생들을 통해서, 그리고 그분을 아는 주변 사람들을 통해서 널리 알려지게 마련이다. 그렇게 알려진, 그분이 평소에 쌓은 '지(知)와 덕(德)'이 오늘의 그분을 만든 근원이 아니었겠는가 하는 생각이 든다. 외람된 얘기지만, 당시 정치대학의 같은 법률연구소에서 강의를 하는 마잉주(馬英九:

전 대만 총통) 교수는 대형 Benz 승용차를 타고 다녔는데, 차이잉원(蔡英文) 교수는 대형 BMW 승용차를 타고 다녔다. 그런데 얼마 후에 차이잉원(蔡英文) 교수도 최고급 대형 Benz 승용차로 바꾸어 타고 다녔는바 학생들은 '라이벌'인 두 교수가 타고 다니는 승용차에 대해서도 경쟁을 벌이고 있는 것 같다"라고 하며, 재미있는 이야깃거리를 만들기도 했다. 공부하기 바쁜 학생들이 쓸데없는 곳에 관심을 가지는 것 같기도 했지만, 대만은 날씨가 덥고 강의실 간의 거리가 멀리 떨어져 있는 경우가 있어 교수들이 교내에서 차량으로 이동하기도 하고 외부에서 강의실로 직접 오기도 하는데, 강의가 끝날 때까지 강의실 밖에서 차량이 대기하기도 하는바, 교수들이 타고 다니는 승용차가 자연스럽게 보인다. 더구나 고급 외제 승용차이니 눈에 더 잘 보였을는지는 모르겠지만 말이다. 마잉주(馬英九) 교수도 부유한 가정에서 태어나서 대만 최고의 학부인 대만국립대만대학 법률학과를 졸업하고, 미국 뉴욕대학 법학대학원에서 법무석사과정(LL.M.)을 이수하고 나서, 미국 하버드대학 법학대학원에서 법무박사(J.D.) 학위를 취득한 엘리트로, 당시 차이잉원(蔡英文) 교수와 마찬가지로 많은 학생들의 부러움의 대상이었다. 그 이후 두 교수는 '라이벌'이라는 말이 기정사실화됐다.

　마잉주(馬英九) 교수는 장징궈(蔣經國) 총통 시절에 총통부(總統府)에서 근무한 경력이 있고 법무부부장(장관)을 역임하기도 했는

바, 정치에 관심을 가지고 있거나 뜻을 두고 있었을 것으로 이해
가 된다. 그런데 차이잉원(蔡英文) 교수가 정치를 하고 총통이 된
것은 의외라는 생각이 들었었다. 물론 그분에 대해서 필자가 아
는 것에는 한계가 있었을 것이다. 그분에게는 그분이 지니고 있
는 훌륭한 인품과 유능하고 성실한 학자적인 기질 외에도, 그분
이 안고 있었던 포부와 그분이 평소 노력하며 축적해 갖추고 있
던 정치 지도자로서의 역량과 그 의지가 있었을 것이다. 마잉주
(馬英九) 교수는 민진당(民進黨) 집권 시절에 보수야당인 국민당(國
民黨) 후보로 1998년 타이베이(臺北)시장에 당선이 되는데, 2002년
에는 재당선이 되어 연임하여 타이베이(臺北)시장 직무를 수행하
게 된다. 차이잉원(蔡英文) 교수는 그 무렵에 장관급인 '행정원(行
政院) 대륙위원회(大陸委員會) 주임'을 역임하고, 2004년 9월에는 당
시의 집권여당인 민진당(民進黨)에 입당하여 민진당(民進黨)의 비례
대표 입법의원(立法議員: 국회의원)이 되어 정치에 발을 딛게 된다.
그때부터 두 교수는 보수와 진보로 갈려 서로 다른 정치적인 노
선을 걸으면서 경쟁을 벌이게 된다. 마잉주(馬英九) 교수는 타이
베이(臺北)시장을 하면서 국민당(國民黨) 주석(主席: 당대표)이 되어,
2008년에는 제12대 총통 선거에서 야당인 국민당(國民黨) 후보로
출마하여 총통(總統: 대통령)에 당선이 된다. 마잉주(馬英九) 교수가
총통에 당선되면서, 차이잉원(蔡英文) 교수는 2008년 5월 반대당
(反對黨: 야당)인 민진당(民進黨)의 주석(主席: 당대표)이 되는데, 2012

년에는 제13대 대만 총통 선거에 출마하여 연임에 도전한 마잉주(馬英九) 총통과 격돌을 벌이다가 낙선된다.

　차이잉원(蔡英文) 교수는 그 이후 2016년에 실시한 제14대 대만 총통 선거에 재도전하여, 집권당인 국민당(國民黨)의 주리룬(朱立倫) 후보를 물리치고 총통에 당선되면서 국민당(國民黨) 마잉주(馬英九) 총통 8년 집권의 뒤를 이어 2016년 5월부터 대만 통치를 이어갔다. 이후 2020년 1월 11일에 실시한 제15대 대만 총통 선거에서 국민당(國民黨)의 한궈위(韓國瑜) 후보를 물리치고 재당선되어 미국과의 협력을 강화하고, 중국 대륙과의 관계를 평화적으로 유지하면서, 대만을 안정적으로 발전시키며, 2024년 5월까지 8년간 대만을 통치했다.

5.
평화로운 요새지 진먼다오(金門島) 이야기

　대만의 진먼다오(金門島)는 중국 대륙과 대만 사이의 대만해협(臺灣海峽)에 있는 섬으로, 대만 본섬과는 약 200㎞나 떨어져 있지만 중국 대륙의 푸젠성(福建省) 샤먼(廈門)과는 채 6㎞도 안 되는 거리의 위치에 있는 비교적 작은 섬이다. 섬의 길이는 동서로 20㎞, 폭은 남북으로 5~10㎞ 정도 되고 섬의 면적은 140㎢ 정도 되는, 중국 대륙에 바짝 붙어 있는 작은 섬인데, 국공내전(國共內戰)에 패한 장제스(蔣介石)가 어떻게 그 섬을 차지할 수 있었고 어떻게 지켜낼 수 있었는지, 필자는 의문을 가지고 있었다. 중국 대륙의 전역을 차지한 공산당 마오쩌둥(毛澤東)이 왜 중국 대륙에 거의 달라붙어 있는 그 진먼다오(金門島)를 장악하지 못하고, 아니 장악하지 않고, 국민당 장제스(蔣介石)에게 내어주었는지 쉽게 이해가 되지를 않았었다. 대만으로 퇴각(退却)해온 장제스(蔣介石)는, 실현 가능성도 없는 본토수복(本土收復)을 내세우며 대만의 젊은이들을 징병하여 진먼다오(金門島)로 보내 바짝 얼어붙게 만들어, 대만 본성인(本省人)들의 저항을 막아내면서 대만을 통치했다. 이따금씩 퍼붓는 중공군의 진먼다오(金門島) 폭격은 대만에서의 장제스(蔣介石) 독재 체제를 더욱 군건하게 했고 장제스(蔣介石)를 안전하게 보호하는 역할을 했다고 보는데, 그런저런 궁금증들이 있어 필자는 진먼다오(金門島)에 대해 관심을 가지고 있었다. 그런 가운데 필자가 대만에서 유학하던 중, 대만 정부가 대만에 체류하고 있는 한국 공무원 유학생들을 초청해서 진먼다오(金門島)를 시찰하도록 한다는 연락을 받고 참가했었는바 이야기를 이어가고자 한다.

 1992년 6월 17일 수요일 아침 8시에 타이베이(臺北) 쑹산(松山) 비행장에 도착하여 대만 국방부 안내 요원의 안내에 따라 공항의 외곽에서 대기하고 있는 비행기에 올라탔다. 그 비행기는 양옆으로 각 2명씩 앉을 수 있도록 좌석이 배치되어 있는 중소형 비행기인데, 맨 앞줄에는 탁자와 하얀 천으로 가려진 큰 안락의자 한 개가 놓여 있어 총통(總統: 대통령)이 탑승할 수도 있는 특별기가 아닌가 했다. 기내에 앉아 이륙을 기다리고 있는데, 항로에 안개가 끼어 있어 대기하고 있다는 안내를 한다. 한참을 더 기다렸지만, 진먼다오(金門島)로 들어가려면 안전과 보안을 위해 저공비행을 해야 하는데 안개가 걷히지를 않아 그날은 운항이 어렵다고 하며, 날짜를 다시 잡아서 알려주겠다고 하여 아쉬움을 남기고 돌아왔다. 그 후 다시 연락이 왔는바 1992년 6월 26일 금요일 아침 8시에 다시 그 비행기에 탑승하여 1시간여 날아서 진먼다오(金門島)공항에 도착했다. 그날 진먼다오(金門島)의 날씨는 아주 맑았고, 그리 덥지도 않아 활동하기에 아주 좋았다. 우리 일행은 대기하고 있던 버스를 타고 군의 안내에 따라 지하 벙커로 이동하여 다소 긴장된 상태에서 지하 벙커를 시찰했다. 일부의 시설이었을진대, 그 지하 벙커는 상상을 초월한 큰 규모의 시설이었다. 얼핏 보았지만 그 벙커 내에는 군용차량과 장갑차 등 각종 군사장비들이 들어차 있었다. 해안을 따라 길게 이어진 지하 벙커 끝부분쯤의 전방 관찰이 용이한 자리에 방탄유리로 된 전망대가 있어 전방을 관찰할 수가 있었는데, 필자가 그 방탄유리를 통해 전방을 바라보는 순간, '아… 이곳은 이미 더 이상 요새 지역이 아니구나!'라는 느낌이 들었다. 바라보이는 잔잔한 바다 위에, 그 수를 헤아리기조차 어려운 수많은 중국 어선들이 평화롭게 고기잡이를 하고 있었다. 초병이 경계근무를 서고 있었지만 그저 그곳을 바라만 보고 있을 뿐, 긴장된 모습은 엿볼 수가 없었다. 당시만 해도 그곳 진먼다오(金門島)는 계엄령이 해제되지 않은 상태로 군정(軍政)이 실시되고 있었지만, 그 진먼다오(金門島)는 더 이상 긴장의 여지는 없고 아픈 흔적으로만 남아 있는 역사 속의 요새지였으며, 이미 삶의 터전으로 변해버린 평화로운 섬이었다.

진먼다오(金門島) 지하 벙커의 시찰을 마치고 나서 버스에 올라타고 이동하는 동안, 차창 밖으로 군데군데 고량(高粱: 수수)이 자라는 밭들이 펼쳐져 있는 풍경이 내려다보이기도 하여 그곳의 특산품이 '금문고량주(金門高粱酒)'라는 것을 새삼스러이 알 수 있었는데, 우리를 태운 차량이 그 고량밭들을 뒤로하고 오찬 장소가 마련되어 있는 '금문고량주(金門高粱酒) 양조장' 안으로 진입한다. 금문고량주(金門高粱酒)의 역사는 그리 길지 않다고 하는데, 1949년 10월 '진먼다오(金門島)전투' 이후, 당시 진먼다오(金門島)를 통치하던 진먼다오(金門島) 방위사령관이 재정지출을 줄이고 고량의 재배로 주민들의 소득도 올릴 수 있도록, 장병들이 마시기 위해 대만에서 구입해 들어오는 매년 10만 병 이상의 술을 자체적으로 생산하기 위해 양조 기능 보유자를 영입하여 1952년 공영(公營)의 고량주(高粱酒) 양조장을 설립하면서부터 시작되었다고 한다. 작지 않은 규모의 그 금문고량주 양조장을 견학하고 나서, 양조장 내의 언덕 위에 앉아 있는 식당에서 '진년(陳年)고량주(5년 이상 발효된 고량주)'를 반주로 하여 차려낸 진먼다오(金門島) 특식의 오찬 대접을 받고, 진먼다오(金門島)공항에서 기다리고 있던, 우리 일행이 아침에 타고 날아온 그 비행기에 탑승하여 가벼운 마음으로 평화로운 요새지 진먼다오(金門島)를 떠나 타이베이(臺北)로 돌아왔다. 진먼다오(金門島)는 그해 11월에 계엄이 해제되었고, 그 얼마 후 중국인들의 자유 왕래가 허용되어 진먼다오(金門島)와 중국 대륙의 샤먼(廈門) 간 왕래하는 여객선이 통항되면서 중국 대륙 사람들의 관광지로 변했다고 한다. 2018년도부터는 중국 대륙의 샤먼(廈門)으로부터 수돗물을 공급받아 사용하고 있다고 하니, 격세지감을 느끼게 하고 있다.

  필자가 중국 대륙의 베이징(北京)에서 근무하고 있었을 때인 1994년 12월 12일부터 2박 3일간, '샤먼(廈門)경제특구'에 진출해 있는 우리 기업들의 실태를 파악하기 위해 샤먼(廈門)을 출장한 일이 있었는데, 당시 샤먼(廈門) 출장 중 1994년 12월 13일 새벽 일찍 일어나서 필자가 관심이 있었던, 대만이 점령하고 있는 진먼다오(金門島)가 바라보이는 샤먼(廈門)의 해안을 따라 걸어본 적이 있었다. 그 해안에는 철거된 진지 초소 구조물들의 흔적이 남아 있었는데, 바닥에 남아 있는 초소 구조물의 흔적이 일정한 간격으로 이어져 있었다. 마오쩌둥(毛澤東) 통치 시절에는 그 초소들에서 병사들이 긴장을 하며 보초를 서고 있었겠지만, 필자가 걷고 있었을 때는 그 해안도 그저 평온하고 한적하며 평화로운 해안일 뿐이었다.
  앞에서도 언급한 바와 같이 전쟁에서 승리하여 중국 대륙 전역을 장악한 마오쩌둥(毛澤東)이 전쟁에서 패하여 대만으로 쫓겨난 장제스(蔣介石)에게 중국 대륙에 바짝 붙어 있는 진먼다오(金門島)를 내어주었다는 것이 잘 이해가 되지 않았는바 필자 나름대로 그 이유를 더듬어보았다. 패전을 하고 마오쩌둥(毛澤東)에게 쫓겨 대만으로 탈출해야 하는 장제스(蔣介石)의 입장에서는, 대만으로 들어간 이후로도 군을 통제해야하고 자신에게 저항하는 대만인들도 통제를 해야 하는 과제를 안게 된다. 비록 마오쩌둥(毛澤東)과 대결할 능력은 상실됐지만, 본토수복을 내세워 긴장을 조성하는 수밖에는 없었을 것이다. 그러기 위해서는 반드시 그 교두보를 확보해야만 했다고 보는데, 중국 대륙의 푸젠성(福建省) 해안과 약 200㎞나 멀리 떨어져 있는 대만 본섬 내의 어느 지역을 요새화하여 본토 공략의 교두보로 삼는다 한들 그를 믿을 사람은 아무도 없었을 것이라고 본다. 장제스(蔣介石)의 입장으로서는, 대만으로 입성하기 전에 중국 대륙에 바짝 붙어 있는 진먼다오(金門島)를 필사적으로 사수(死守)하여 교두보를 마련해두어야만 했을 것이다.

중국 대륙을 장악한 마오쩌둥(毛澤東)의 입장에서도, 장제스(蔣介石)와의 전쟁에서 승리는 거뒀지만 정권을 공고(鞏固)하게 안정시켜나가려면 장기간의 전쟁으로 혼란에 빠져 있는 중국 대륙의 인민들을 통제해야 했을 것이고, 전쟁에 투입되었던 수많은 군인들을 통제할 수밖에 없었을진대, 강력한 통제력을 행사하기 위해서는 긴장 조성이 필요했을 것이라고 본다. 그것도 진먼다오(金門島) 하나로는 그 강도를 낼 수가 없으니, 대만과 마주하고 있는 푸젠성(福建省)의 약 3,300㎞ 해안선 중 진먼다오(金門島)

와 마주하고 있는 샤먼(廈門)의 해안으로부터 북쪽으로 약 280㎞ 나 멀리 떨어져 있는 푸저우(福州)의 해안과 불과 9㎞ 정도의 사이를 두고 달라붙어 있는 작은 섬 마쭈다오(馬祖島)까지 장제스(蔣介石)에게 내어주어, 긴 해안선을 따라 그 두 섬을 경계하도록 하는 대규모의 진지를 구축하여 요새화한 후, 수많은 병력을 배치시켜 중국 대륙을 통제하기 위한 긴장을 조성하도록 하면서, 필요할 때 공격하여 더 큰 긴장을 조성할 수 있는 준비를 해놓은 것이 아닌가 한다. 그렇게 당시 그 진먼다오(金門島)와 마쭈다오(馬祖島)는, 장제스(蔣介石)가 사수함으로써 얻는 이익과 마오쩌둥(毛澤東)이 포기함으로써 얻는 이익이 서로 맞물려 있는, 마오쩌둥(毛澤東)과 장제스(蔣介石)의 권력 유지를 위한 보루(堡壘)가 아니었는가 하는 생각이 든다.

좀 더 들여다보면, 장제스(蔣介石)는 대만 천도를 준비하면서 1948년 10월 무렵부터 진먼다오(金門島)를 요새화하기 시작하는데, 1949년 10월 17일 공산군에 의해 샤먼(廈門)을 함락당하면서 그 이전에 진먼다오(金門島)에 대규모의 병력을 배치하여 공산군의 공격에 대비한다. 10월 24일 공산군의 진먼다오(金門島) 상륙 공격을 받게 되는데, 56시간의 전투 끝에 공산군 9,086명 전원을 섬멸하여 진먼다오(金門島)를 지켜낸다. 그리고 장제스(蔣介石)는 미국의 보호를 받으면서 1949년 12월 10일 대만으로 입성하여,

대만 국민과 군을 통제하면서 대만 통치 시대를 열어가게 된다. 마오쩌둥(毛澤東)은 1949년 10월 1일 중화인민공화국(中華人民共和國) 정부 수립을 선포하고 나서, 10월 15일에는 광저우(廣州)를 함락시키고, 10월 17일에는 샤먼(廈門)을 함락시킨 후, 10월 24일에는 진먼다오(金門島)를 함락시키기 위해 진먼다오(金門島) 상륙전투를 벌이다가 대패하고도 대대적인 재공격 작전을 펼치지는 않았다. 마오쩌둥(毛澤東)은 예상 밖으로 진먼다오(金門島)를 함락시키지도 못했을 뿐만 아니라, 큰 피해만을 당했지만 나름대로 진먼다오(金門島)를 사수(死守)하려는 장제스(蔣介石)의 강력한 의지를 알게 되었고, 진먼다오(金門島)가 마오쩌둥(毛澤東) 자신이 필요로 할 때 폭격을 해도 일부러 함락시키지 않는 한 건더낼 수 있을 정도로 견고하게 요새화되어 있다는 중요한 사실은 확인했다고 본다. 마오쩌둥(毛澤東)은 그 이듬해인 1950년 4월에는 대만 다음으로 큰 섬 하이난다오(海南島)를 함락시켰으며, 1950년 5월에는 장제스(蔣介石)가 지키고자 했던 저장성(浙江省)의 저우산다오(舟山島)와 광둥성(廣東省)의 완산다오(萬山島)는 함락시키면서도 진먼다오(金門島)와 마쭈다오(馬祖島)는 함락을 시도하지도 않고, 진먼다오(金門島)를 대만 섬과 묶어서 함락 작전을 펼쳐나가기로 한다. 대만 섬과 진먼다오(金門島)를 하나의 묶음으로 여기기로 결정한 것이다. 당시 중국의 대만 함락 작전 계획은 미국의 전략과도 맞물려 있기는 했지만 마오쩌둥(毛澤東)의 진의(眞意)가 확인되지 않은 계획이었다고 보는데, 바로 그때 한국전쟁이 발발하면서 그 불투명한 계획은 수포로 돌아가고 만다.

마오쩌둥(毛澤東)은 한국전쟁에서 북한의 전세가 불리해지자 기다렸다는 듯 '순망치한(脣亡齒寒)'과 '항미원조(抗美援朝)'를 내세우며, 1950년 10월부터 국공내전에 동원되었던 대규모의 중공군을 북한 지원군으로 투입시켜 1953년 7월 27일 휴전(정전)협정을 체결하여 한반도를 재분단시켜놓고, 한국전쟁에 참전했던 중공군의 철수를 시작하여 1958년 9월까지 단계적으로 북한 주둔 중공군의 철군을 완료시킨다. 중국은 한국전쟁이 마무리되면서 북한으로부터 철군된 대규모의 병력들을 통제해야 하는 문제가 발생되고 있는 가운데, 당시 중국 국내적으로는 1957년 6월부터 시작한 '반우파(反右派) 투쟁'으로 중공 중앙당의 고위간부들을 포함한 지식인들 7,000여 명을 숙청하는 등 대혼란이 벌어지고 있었다. 마오쩌둥 주석은 그 위기를 잠재우려는 듯, 1958년 8월 베이다이허(北戴河)에서 중앙정치국확대회의를 개최하여 '대약진인민공사화운동(大躍進人民公社化運動)의 주요 계획을 확정'하는 결책(決策)을 하고, '진먼다오를 포격(金門島砲擊)'한다는 중대한 결정(決定)을 내려 중국 대륙을 진동시킨다. 마오쩌둥 주석은 진먼다오(金門島)를 폭격한다는 결정을 하고 나서, '장제스(蔣介石)에게는 직접, 미국에게는 간접(直接對蔣 間接對美)'적으로 통보를 하도록 지시하면서, "진먼다오(金門島)는 공격하되, 대만(臺灣)은 공격하지 않는다(打金

門島 而 不打臺灣"라는 마오쩌둥의 절묘한 '극(極) 중요한 책략(策略)'의 내용을 포함시키도록 하였다고 한다. '진먼다오를 폭격은 하되, 함락시키지는 않겠다'라는 뜻이 함유된 통보였다고 본다. 마오쩌둥(毛澤東)은 1958년 8월 23일부터 10월 5일까지 연속해서 무려 44일간 47만 발이나 되는 폭격을 가하면서도 그 진먼다오(金門島)를 함락시키지는 않았다. 미국이 대만의 장제스(蔣介石)를 지원하고 있었다고는 하지만, 마오쩌둥(毛澤東)은 진먼다오(金門島)는 물론 진먼다오(金門島)보다도 훨씬 작은 섬 마쭈다오(馬祖島)조차도 폭격만 하고 함락시키지 않았는데, 이는 마오쩌둥(毛澤東)이 진먼다오(金門島)와 마쭈다오(馬祖島)를 폭격은 하면서도 점령할 의지가 없었음을 분명하게 드러내 보인 것이라고 본다. 마오쩌둥(毛澤東)이 장제스(蔣介石)의 위협이 거의 없었음에도 불구하고 진먼다오(金門島)를 대규모로 폭격한 것은, 중국 공산당 권력 내부에 자극을 주어 결속을 다지고, 중국 인민들에게 긴장을 조성시켜 국내적인 혼란을 막아내기 위한 고도의 통치 수단으로 이용한 것이 아니었는가 한다. 마오쩌둥(毛澤東)은 그 후로도 진먼다오(金門島)에 간헐적으로 계속해서 폭격을 가하여 중국 인민들의 긴장을 조성시키면서 통치를 이어갔고, 장제스(蔣介石)는 마오쩌둥(毛澤東)에 의한 폭격을 방어하면서 대만 국민들의 긴장을 조성시켜 독재 통치를 이어갔다.

진먼다오(金門島)는 장제스(蔣介石)의 입장에서는 사수(死守)할 수밖에 없었던, 장제스(蔣介石) 자신의 안전을 지켜준 존재였으며, 마오쩌둥(毛澤東)의 입장에서는 포기할 수밖에 없었던, 마오쩌둥(毛澤東) 자신의 권력을 지켜준 존재가 아니었나 한다. 두 권력자를 지켜준 요새지 진먼다오(金門島)는 흘러가는 세월 속에 포화에 할퀴어진 흔적만을 남기고 그저 고요하고 평화로운 섬으로 이미 변해 있다. 양안관계의 갈등은 아직도 남아 있기는 하지만, 그렇게 영원히 평화로운 섬으로 남아 있기를 바라는 마음이다.

6. 장징궈(蔣經國) 총통이 숨겨온 아들 쌍둥이 형제 이야기

　　장제스(蔣介石) 총통의 하나뿐인 친아들인 장징궈(蔣經國)는 중국 대륙에서 성장하던 시절인 1924년 소련으로 유학을 떠나 공부를 하던 중 그곳에서 볼모로 잡혀 노동일을 하게 되는데, 그때 소련 벨라루스 출신의 여인 장팡량(蔣方良)을 만나서 1935년 결혼을 하게 된다. 장팡량(蔣方良)이라는 이름은 장징궈(蔣經國)를 만난 이후 중국식으로 지은 이름이다. 장징궈(蔣經國)는 당시 어렵게 소련을 탈출하여 장팡량(蔣方良)과 함께 1937년 중국 대륙으로 돌아온다. 장징궈(蔣經國)는 중국 대륙으로 돌아온 후 아버지 장제스(蔣介石)와 갈등을 빚기도 했지만, 결국은 아버지 장제스(蔣介石)를 도우면서 국민당(國民黨) 내에서 일했으며, 국공내전에서 패전(敗戰)을 한 후 1949년 12월 아버지 장제스(蔣介石)와 함께 중국 대륙을 탈출하여 대만으로 들어와 1988년 1월 사망할 때까지 장팡량(蔣方良) 여사와 고락을 함께했다. 장징궈(蔣經國)는 장팡량(蔣方良) 여사와의 사이에서 3남 1녀 자녀를 두고 있었지만, 그 자녀들 말고도 내연의 관계에 있었던 여인과의 사이에서 태어난 쌍둥이 형제 아들이 더 있었다. 장징궈(蔣經國)에게 서자(庶子) 쌍둥이 형제 아들이 있다는 사실은 장징궈(蔣經國) 총통이 세상을 떠나기 전까지는 세간에 알려지지 않았었다고 하는데, 사실 여부는 알 수 없으되 '장징궈(蔣經國) 총통이 임종 직전에 측근에게 그 쌍둥이 형제가 자신의 아들임을 밝혔다'라는 풍문(風聞)이 떠돌면서 세간에 알려지기 시작했다고 한다. 필자가 대만에서 유학하고 있었을 때 그런 소문이 떠돌고 있어 필자도 들을 수 있었는데, 그 이후 언론 보도 등 자료들을 통해서 필자 나름대로 알게 된 것들을 엮어서 이야기를 이어가고자 한다.

장징궈(蔣經國)는 중일전쟁을 치르고 있을 때 장시성(江西省)의 간저우(贛州: 공주)에서 임무를 수행한다. 그때 젊은 나이에 두 아들을 두고 남편과 사별(死別)한 '장야뤄(章亞若)'라고 하는 여인을 만나 비서 역할을 하도록 하면서, 그 여(女)비서 장야뤄(章亞若)와 사랑에 빠진다. 그리고 1942년 3월, 장징궈(蔣經國) 내연의 여인 장야뤄(章亞若)는 광시성(廣西省) 구이린(桂林)에서 장징궈(蔣經國)와의 사이에서 잉태했다고 하는 쌍둥이 아들을 낳는다. 그 쌍둥이 아이들이 당시 장야뤄(章亞若)의 정부(情夫)였다는 궈리보(郭禮伯)에 의해 잉태되었다고 주장하는 사람도 있다. 장징궈(蔣經國)는 그 사실을 아버지 장제스(蔣介石) 총통에게 고(告)하게 되고, 장제스(蔣介石) 총통은 어쩔 수 없이 받아들여 장(蔣)씨 가문의 항렬자(行列字: 돌림자)인 '효(孝: 샤오)' 자(字)를 넣어 쌍둥이 형에게는 아버지에게 효도하라는 의미가 있는 '샤오옌(孝嚴: 효엄)'이라는 이름을 지어줬고, 동생에게는 어머니에게 효도하라는 의미가 있는 '샤오츠(孝慈: 효자)'라는 이름을 지어줬다고 한다. '엄(嚴: 옌)'은 아버지라는 뜻이 있고, '자(慈: 츠)'는 어머니라는 뜻이 있다. 그런데 장야뤄(章亞若)는 쌍둥이 아들을 낳고 5개월 만인 1942년 8월, 그 쌍둥이 아들 형제를 남겨놓고 29살 꽃다운 나이에 의문의 죽음을 당한다. 당시 그 쌍둥이 형제의 호적을 생부인 장징궈(蔣經國)의 호적에 입적시킬 수 없는 처지에 있어, 장야뤄(章亞若)의 남동생인 장하오뤄(章浩若)와 장하오뤄(章浩若)의 처 지전(紀琛) 사이의 호적에 입적시켰다고 한다. 외삼촌 장하오뤄(章浩若)와 외숙모 지전(紀琛)이 그들 쌍둥이 형제의 호적상 부모가 된 셈이다. 그 이후 그들 쌍둥이 형제는 장징궈(蔣經國)에 의해, 장징궈(蔣經國)의 1949년 12월 대만 입성에 앞서 장야뤄(章亞若)의 모친이며 그들의 외할머니인 저우진화(周錦華)와 장야뤄(章亞若)의 둘째 동생이며 그들의 외삼촌인 장환뤄(章澣若) 부부와 함께 타이베이(臺北) 인근의 신주(新竹)라는 소도시로 이주하여, 외할머니와 외삼촌 부부의 부양(扶養)을 받으며 성장하게 된다.

  필자가 대만에서 근무를 하고 있을 때인 1994년 3월 31일, 중국 대륙 안후이성(安徽省)의 황산(黃山)과 저장성(浙江省)의 첸다오후(千島湖: 천도호)로 여행을 떠났던 대만인 관광객 24명이 첸다오후(千島湖) 유람 중 유람선에서 불에 타 모두 숨지는 사고가 발생했다. 당시 중국 대륙 당국은 재물을 빼앗기 위한 현지인들의 조직적인 범행으로 밝혀졌다는 조사 결과를 발표했다. 그에 대해 대만 언론들은 "범인들 가운데 군인과 경찰이 포함되어 있다"라는 보도들을 했고, 피해를 당한 가족들은 "중국 대륙 당국이 이를 은폐하고 있다"라며 거세게 항의하면서, 1994년 4월 초 연일 시위(示威)를 하는 사태가 벌어지고 있었다. 바로 그즈음의 어느 주말, 대만의 한 TV 방송에 장샤오엔(章孝嚴)과 장샤오츠(章孝慈) 쌍둥이 두 형제가 나와서 자신들의 성장 과정 등에 대해서 토로(吐露)를 하는 프로그램이 방영되었는바 우연히 시청할 수 있었다. 두 형제는 방송을 하는 동안 내내 곧은 자세로 앉아서 줄줄 흐르는 눈물 속에서 흐트러지지 않은 목소리로 또박또박 얘기를 이어갔다. 그들 쌍둥이 형제는 부모를 제대로 모르고 성장해오다가 대학에 입학하고 나서야 자신들의 아버지가 장제스(蔣介石) 총통의 아들 장징궈(蔣經國)라는 것을 알게 되었지만, 아버지를 아버지라 부를 수도, 만날 수도 없었다고 토로했다. 형 장샤오엔(章孝嚴)은 고교 시절 우수 모범생으로 선발된 여러 학생들과 함께 총통부(總統府)를 방문한 적이 있었는데, 그때 여러 학생들의 틈에 서서 할아버지 장제스(蔣介石) 총통을 향해 경례를 하며 뵐 수가 있었는데 그것이 할아버지를 가장 가까이에서 뵌 처음이며, 할아버지가 돌아가실 때까지 사석에서는 한 번도 만난 적이 없었다고도 했다. 어머니의 죽음에 대해서는, "누군가에 의해서 죽임을 당한 것이 분명하며, 짐작이 되는 부분이 있지만 이 자리에서 얘기할 수 없다"라고도 했다. 두 형제는 아버지를 추억하면서 어머니에 대한 그리움에 사무치면서, 기구하고도 험난하고 아주 힘든 환경에서 성장해왔다고도 토로했다. 마치 한 편의 슬픈 드라마를 보는 듯했다. 그들이 하염없이 흘리는 눈물에 동화되어 필자의 눈에서도 눈물이 흐르는 것을 느낄 수 있었다. 사람은 사랑을 받으면서 행복을 느끼며 살아간다. 부모 밑에서 자란 대부분의 사람들은, 빈부귀천(貧富貴賤)을 떠나 어린아이 때는 울고 웃는 모습을 부모에게 보여주면서 부모의 사랑을 받고 자라고, 점점 커가면서부터는 때로는 부모에게 꾸지람을 들으면서도 부모의 사랑을 받으면서 장성하지 않는가 한다. 연유야 어떻든 부모의 사랑을 받지 못하면서 성장했다는 것은 불행한 일이다. 그들이 줄줄 흘리는 눈물을 보며, 한 인간으로서 아픈 마음을 느끼지 않을 수 없었다.

그들 쌍둥이 장샤오옌(章孝嚴)과 장샤오츠(章孝慈) 두 형제가 나란히 TV 방송에 출연하여 자신들의 성장 과정을 토로하고 장징귀(蔣經國) 총통과 소통했던 사실 등을 밝힌 것은, 자신들이 부친 장징귀(蔣經國) 총통 생전에 공식적으로 자식으로의 인정은 받지 못했지만 그 진실들을 널리 알려 사회적 공감(共感)을 불러일으켜 자신들이 마땅히 장(蔣)씨 가문(家門)의 족보(族譜)에 등재(登載)되어야 하고, 아버지 호적에 등재되어야 한다는 명분(名分)을 만들어 내기 위함이 아니었나 한다. 또 한편으로는 그 열쇠를 쥐고 있는 사람이자 자신들과 장징귀(蔣經國) 총통과의 혈육 관계를 인정하지 않는, 아버지 장징귀(蔣經國) 총통의 부인 장팡량(蔣方良) 여사에게 공개적으로 그 인정을 간절하게 호소한 것이 아닌가 한다. 그러나 장팡량(蔣方良) 여사는 2004년 12월 15일 세상을 떠날 때까지 끝내 그들을 인정하지 않은 것으로 알려졌다. 대만 언론에 보도된 장샤오옌(章孝嚴)의 발언 내용을 보면, "2002년 말에 미국을 방문하여 쑹메이링(宋美齡) 여사를 만나려고 노력했으나 만날 수가 없었다. 관건(關鍵)은 장팡량(蔣方良)에게 있었다. 그 이유는, 쑹메이링(宋美齡) 여사가 '장팡량(蔣方良)이 인정하기 전에는 장샤오옌(章孝嚴)을 만날 수 없다'라고 말했다는 전언을 받았기 때문에 알 수가 있었다"라고 돼 있다. 장팡량(蔣方良) 여사가 동의하지 않는 한, 그들 쌍둥이 형제를 장(蔣)씨 가문에 등재할 수가 없었던 것이다.

좀 더 들여다보면, 그들 쌍둥이 형제는 어려운 환경 속에서도 모범생으로 성장했고 사회에 진출하여 성공하게 된다. 형 장샤오엔(章孝嚴)은 타이베이(臺北)에 소재해 있는 유수(有數)의 대학인 동오대학(同吳大學)의 영어영문학과와 동 연구소에 입학해서 학사와 석사 학위를 취득한 후, 대만외교부에 입부하여 주미대만대사관(駐美臺灣大使館)에서 근무하면서 워싱턴D.C.에 있는 조지타운대학에 입학해서 정치학석사 학위를 취득했고, 대만외교부에 근무하면서 대만외교부 정무차장(政務次長: 정무차관)을 지내고 나서, 1994년 봄 TV에 출연할 당시에는 장관급인 '교무위원회(僑務委員會)위원장'으로 재직하고 있었다. 장샤오엔(章孝嚴)은 1992년 한국과 대만이 단교할 당시 대만외교부 정무차장으로 재직하고 있었는바 어려움을 겪기도 했지만, 한국에 대해 긍정적인 인물로 알려져 있다. 필자가 대만에서 유학하고 있을 때 한국 공무원 유학생들을 만찬에 초대하기도 했던 분이다. 장샤오엔(章孝嚴)은 그 이후 대만외교부부장(部長: 장관)과 행정원 부원장(副院長: 부총리)을 지내기도 했다. 동생 장샤오츠(章孝慈)는 동오대학(同吳大學)의 법률학과를 졸업하고, 미국의 남부에 있는 툴레인(Tulane)대학에서 법학석사와 법학박사 학위를 취득하고 모교인 동오대학(同吳大學)의 법률학과 교수로 돌아와 1994년 봄 TV 출연 당시에는 동오대학(同吳大學)의 교장(校長: 총장)으로 재직하고 있었다. 필자가 베이징(北京)에서 근무하고 있었을 당시, 그분이 학술 세미나에 참석차 베이징(北京)을 방문하여 활동하던 중 1994년 11월 14일 뇌졸중으로 쓰러졌다는 중국의 언론 보도를 보면서, 당시 그분은 아직 젊은 나이였고 불운한 출생으로 어려운 삶을 살아온 유능한 분이라는 것을 알고 있었는바 안타깝게 생각했었다. 당시 베이징(北京)에서 응급치료를 받고 타이베이(臺北)로 돌아가 치료를 받았지만 의식을 회복하지 못하고 1996년 2월 사망하게 된다. 장샤오츠(章孝慈)는 성씨(姓氏)를 바꾸는 일에 대해 소극적이었다고는 하는데, 장샤오츠(章孝慈)가 먼저 세상을 떠나갔으니, 어머니 장야뤄(章亞若)의 죽음에 대한 진실을 밝혀내는 일과 장(蔣)씨 가문에 등재하는 일을 장샤오옌(章孝嚴) 혼자서 추진하게 된다.

　장샤오옌(章孝嚴)은 어머니 장야뤄(章亞若)의 죽음에 대한 진실을 밝히기 위해 중국 대륙을 오가며 노력을 기울였지만 한계가 있었다고 하며, 친인척들을 상대로 광범위하게 조사한바 그 범인은 아버지 장징궈(蔣經國)를 떠받들던, 아버지 장징궈(蔣經國)와 가장 가까이에 있었던 심복 중의 한 사람이라는 것만을 알게 됐다고 밝혔다. 장샤오옌(章孝嚴)은 대만 언론을 향해 "아버지 장징궈(蔣經國)의 심복이, 아버지 장징궈(蔣經國)의 미래를 위해 범행을 저질렀다는 것을 알게 됐다"라고 했고, "그 조사 과정에서 자신과 동생 장샤오츠(章孝慈)까지도 처치(處置)할 계획이었다는 것을 알게 됐다"라고 하며, "당시 자신들이 아주 위험한 상황에 처해 있었다"라고 밝혔다. 장샤오옌(章孝嚴)은 자신들을 인정하지 않았던 장팡량(蔣方良) 여사가 2004년 12월 세상을 떠난 후 그 이듬해인 2005

년 3월에 장(蔣)씨 가문에 입적을 하게 되는데, 그는 "인조귀종(認祖歸宗: 종친의 인정을 받아 가문으로 돌아가다)을 하는 과정은 치열했고, 파란곡절이 있었다"라고 대만 언론에 발표한 바 있다. 장팡량(蔣方良) 여사가 거절한 것 말고도, 모친 장야뤄(章亞若)에 얽혀 있는 주장들과 장징궈(蔣經國) 총통이 인정해오지 않았다고 하는 주장들 등에 대해 증명해야 하는 등의 과정이 순탄치 않았음을 밝힌 것이 아닌가 한다. 그렇게 어려운 과정을 거쳐서 그간 사용해온 어머니의 성씨인 '장(章)'씨의 성을 아버지 장징궈(蔣經國)의 성씨인 '장(蔣)'씨의 성으로 바꾸어 아버지 장징궈(蔣經國)의 호적에 등재하게 된다. 살아생전 절대 권력을 가졌던 할아버지 장제스(蔣介石) 총통도 이루어낼 수 없었고, 아버지 장징궈(蔣經國) 총통도 이루어내지 못했던 일을 장샤오옌(章孝嚴)이 이루어낸 것이다. 장(蔣)씨의 성을 회복한 장샤오옌(蔣孝嚴)은 2008년부터 대만 국민당 부주석(副主席: 부총재)을 역임하기도 했다.

장징궈(蔣經國)에게는 장팡량(蔣方良) 여사와의 사이에서 태어난 3남 1녀의 자녀들이 있었지만, 장징궈(蔣經國) 총통이 세상을 떠난 이후 장팡량(蔣方良) 여사가 세상을 떠나기 전에 3명의 아들은 모두 지병으로 젊은 나이에 사망했고, 딸 장샤오장(蔣孝章)은 미국에서 거주하고 있다고 하며, 장야뤄(章亞若)와의 사이에서 태어난 쌍둥이 아들의 동생 장샤오츠(章孝慈)도 세상을 떠났는바, 장징귀(蔣經國) 총통의 다섯 아들 중 장샤오옌(章孝嚴)만 남게 된다. 장 징궈(蔣經國) 총통의 5남 1녀 자녀들이 낳은 장징궈(蔣經國) 총통의 손주들은 미국에서 거주하기도 하고, 대만에서 평범하게 살아가고 있다고 한다. 그런데 장징궈(蔣經國)의 아들 중 유일하게 살아남아 정치 활동을 하기도 했던 혼외(婚外)자 장샤오옌(蔣孝嚴)의 아들이며, 장징궈(蔣經國) 총통의 손자인 장완안(蔣萬安)이 정치에 입문하여 세간의 이목(耳目)을 끌고 있어 귀추(歸趨)가 주목(注目)되고 있다.

필자가 2014년 7월 24일부터 2박 3일간 타이베이(臺北)를 방문했을 때, 당시 대만 국민당 부주석인 장샤오옌(蔣孝嚴)의 1남 2녀 자녀 중 막내인 아들 장완안(蔣萬安)이 미국의 유명 로펌에서 근무하다가 2011년 샌프란시스코에 합동 로펌을 개업하고 타이베이(臺北)에 분소를 내어 2013년부터 타이베이(臺北) 소장으로 근무하고 있다는 얘기를 들었었는데, 1978년 12월생인 그 장완안(蔣萬安)이 그 이후 정치인이 되어 2016년 국민당(國民黨) 소속의 입법의원에 당선된 후 2020년 재당선되고 나서 2022년 지방선거에서 타이베이(臺北)시장에 출마하여 당선되었다고 한다. 장완안(蔣萬安)은 대만의 명문 고등학교인 타이베이(臺北) 건국(建國)고등학교를 졸업하고, 국립정치대학 외교학과에 입학하여 법률학을 복수전공하며 졸업한 후, 미국 펜실베니아대학교 로스쿨을 졸업(J.D.)하고, 변호사로 활동하다가 국회의원이 되고, 타이베이(臺北)시장이 된 것이다. 대만 사람들은 그 장완안(蔣萬安)을 두고, 장차 총통 (總統: 大統領)이 될 가능성이 있다고들 얘기한다고 하는데, 필자도 그럴 가능성이 충분히 있다고 본다. 그 이유는 건국(建國)고등학교와 대만대학을 졸업하고 미국 하버드대학에서 석사 학위를 받고 돌아와 국회의원과 타이난(臺南)시장을 지낸 라이칭더(賴淸德) 현 총통이나 전 총통인 마잉주(馬英九) 총통과 차이잉원(蔡英文) 총통처럼 장완안(蔣萬安)이 엘리트 코스를 밟아가고 있기 때문이며, 대만의 안보는 미국과 직결되어 있는바 대만 국민들이 미국통(美國通)의 지도자를 원하게 될 것이기 때문이며, 또한 장완안(蔣萬安)의 증조할아버지인 장제스(蔣介石) 총통과 할아버지인 장징궈(蔣經國) 총통이 독재는 했지만 대만 경제를 발전시켜 대만 국민들을 잘살게 했고, 장징궈(蔣經國) 총통은 선정(善政)을 베풀었을 뿐만 아니라 후계자를 양성하지 않아, 대만이 혼란 없이 민주화를 이룰 수 있는 길을 열어주었는바, 장완안(蔣萬安)도 긍정적인 영향을 받았을 것이라고 보기 때문이다. 하지만 장완안(蔣萬安)이 총통이 되려면 타이베이(臺北)시장 등의 직무를 수행하는 과정에서 능력을 인정받아야 하고, 그 능력을 바탕으로 하여 나름대로의 능력을 갖추고 있을 경쟁 상대들을 물리쳐야 하는 등의 쉽지 않은, 넘어야 할 산들은 있다고 본다.

장샤오옌(蔣孝嚴)은 어려운 환경 속에서도 모범생으로 성장했고, 장성해서 사회에 진출해서도 그 능력을 인정받으면서 고위공

직을 맡는 등 출세(出世)를 했지만, 현실에 안주(安住)하지 않고 힘든 과정을 거쳐 인조귀종(認祖歸宗)을 이루어내어, 아버지 장징궈(蔣經國)의 호적에 입적시켜, 자신의 아들 장완안(蔣萬安)이 당당하게 걸어갈 수 있는 대권가도(大權街道)의 길을 열어놓은 것이다. 장샤오옌(蔣孝嚴)은 아버지 장징궈(蔣經國)도 인정하지 않고 숨겨온, 설움을 받아온 혼외(婚外)자 아들이었지만 그 어려움을 극복해낸 현명한 장징궈(蔣經國)의 아들이요, 선견지명(先見之明)이 있는 훌륭한 장완안(蔣萬安)의 아버지가 아닌가 한다.

7.
한-대만 단교 현장에서 보고, 느낀 이야기

중국은 1979년부터 덩샤오핑(鄧小平)의 설계에 의한 개혁개방 정책을 추진하면서, 투자 유치를 위해 서방 국가들과의 외교 관계 정상화를 위한 외교 정책도 병행하여 추진하게 되는데, 중국이 '한 개의 중국' 노선을 확고하게 고수하고 있었는바, 대만과 우방 관계에 있으면서 중국과의 외교 관계 수립을 추진하고 있는 국가들은 그 고민이 깊어지게 된다. 중국이 중국과 수교하는 제1의 전제조건으로 대만과의 국교단절을 요구하고 있었기 때문이다. 대만으로서는 그 냉혹한 현실 속에서, 가까웠던 친구들을 하나둘씩 잃어가게 되는 마음 아픈 쓰라림을 감내할 수밖에 없었다. 필자가 대만에 있었을 당시인 1990년 7월 23일, 대만과 사우디아라비아와의 단교가 있었다. 대만과 사우디아라비아는 돈독

한 우방 관계를 유지하고 있었지만, 당시 양국 정부 간의 숙려 과정을 통해 대만 정부는 어쩔 수 없이 사우디아라비아와의 단교를 받아들일 수밖에 없었고, 대만 국민들도 크게 동요하지 않았었다. 당시 대만 일간신문들은 사우디아라비아의 특별사절단이 대만을 다녀갔다는 내용의 기사들을 보도했었지만, 배신을 당했다는 감정적인 내용의 기사들을 다루지는 않았었다. 당시 대만과의 수교국으로 남아 있었던 국가들 중 비중이 있는 국가로는 사우디아라비아와 우리나라가 있었는데, 사우디아라비아가 떠났으니 비중이 있는 나라로는 우리나라만 남게 된 것이다. 대만 정부로서는 쉽게 받아들이기가 어려울 수밖에 없었을 것이지만, 중국과의 수교는 거스를 수 없는 시대적인 흐름으로, 한국도 머지않아 떠날 것이라는 것을 예측은 하고 있었을 것이다. 당시 대만의 주요 일간지나 TV 방송 등에서는 한국과의 단교도 시간문제라며, 이에 대비해야 한다는 논평의 보도를 연이어 하고 있었다. 대만이 사우디아라비아와 단교한 그해 1990년 12월 18일, 대만외교부가 주(駐)대만한국대사관을 통해서 한국 정부에서 파견을 나와 대만에서 유학하고 있는 공무원 유학생들을 만찬에 초청했는바 필자도 참석을 했었는데, 대만외교부 회의실에서 진행된 만찬석상에서 당시 장샤오옌(章孝嚴) 대만외교부차관이 인사말을 하면서, "오늘 식단의 주식(主食: 10여 코스의 요리 중, 끝의 디저트 전에 올리는 밥이나 면류의 음식)은, 특별하게 한국인들이 좋아하는 짜장면을 준비했다." "짜장면의 긴 면발처럼 중화민국(中華民國: 대만)과 대한민국의 관계가 지속되기를 희망한다"라는 의미 있는 발언을 했지만, 한국과 대만이 이미 단교로 가는 길목에 와 있다는 것을 대만 외교부가 예감하고 있는 것 같다는 느낌이 들었었다.

그 이후 1991년 7월 28일부터 8월 3일까지 타이베이(臺北)에서 '제24회 한-대만 경제각료회의'가 개최되었는데, 당시 대만 언론들은 회의 내용보다는 연일 "이번 개최되는 한-대만 경제각료회의가 마지막이 될 것"이라는 등 부정적인 보도들을 하고 있었다. 대만 언론들이 한-대만 간 단교의 시기가 임박해오고 있음을 예측하고 있었던 것이다. 당시 필자 소속 부처(상공부)의 동료들도 회담 대표로 참석했는바 필자도 행사장에 배석하는 등 지원을 하던 중, 회의가 개최되고 있던 7월 30일 오전에는 당시 방학이었지만 담당 교수 댁에서 진행하는 보충수업이 있어서 수강을 위해 출석을 했었는데, 수업을 시작하기 전에 수강생들이 아직 덜 모인 소파에 앉아 있던 담당 교수께서 필자가 소파에 앉자마자 필자를 호명하며 "이번 한-대만 각료회의 진행 상황은 어떠냐?", "한국과 중공(中共)이 곧 수교하게 되면, 한-대만 간은 단교를 하게 될 텐데, 내년도 회의는 어떻게 될 것 같으냐?" 묻는데, 좀 멋쩍기는 했었지만 필자는 잘 모르는 일이라고만 대답을 한 바 있었다. 당시 대만 언론들이 대대적으로 보도하는 부정적인 내용의 기사들을 접하고 하는 질문으로 짐작은 되었지만, 깐깐하신 원로 교수께서 학생들 앞에서 필자를 난처하게 만든 것이다. 당시의 분위기는 그 원로 교수뿐만 아니라 한국에 대해 관심을 가지고 있는 대만 사람들 모두가 민감한 반응들을 보이고 있었다.

당시 우리 외교부로서는 '북방외교'를 완성시켜야 한다는 목표가 있었을 것인바, 한중수교를 이루어내기 위해 노력하고 있었을 것이다. 그때부터 중국과의 수교를 위한 업무 추진과 병행하여, 대만과의 단교에 대비한 준비도 소홀함 없이 철저하게 준비해야 했다고 본다. 물론 대비를 하고 있었을 것이지만, 더 나은 미래를 위해 냉철하게 되돌아볼 필요가 있다는 생각이 든다. 다 지나간 일이기는 하지만 한중수교 협상 추진의 배경을 살펴보면, 1983년 5월 '중공 민간항공 여객기의 춘천 미군기지 불시착 사건'의 발생, '중국 선수들의 86 아시안게임과 88 올림픽경기대회의 참가' 등을 계기로 하여, 한중 양국 정부 간 협상을 추진할 수 있는 단초가 마련되어져 있었고, 중국은 그 이전에 이미 1979년부터 개혁개방 정책을 추진하면서 문호를 개방하고 있었을 뿐만 아니라, 1989년 일으킨 6·4 톈안먼 사태 이후 외자 기업들의 진입이 멈추고 있는 상황하에서 중국은 우리나라와 '선(先) 관계설정, 후(後) 수교'라는 수순을 정해놓고 있었던 것으로 알려져 있었다. 한중수교를 위한 물밑 접촉을 진행해오는 과정에서, 1991년 1월과 4월 서울과 베이징에 각각 무역대표부가 설치되고, 덩샤오핑

(鄧小平)의 1992년 1월 말 남순강화(南巡講話) 이후 1992년 4월부터는 한중수교를 위한 협상이 본격적으로 진행된다. 중국의 입장으로서는 우리의 자금과 기술을 끌어들이기 위해 우리와의 협력이 절실히 필요한 실정이었는바, 한중수교 협정 체결의 성사는 결국은 몇 개월 내지는 길게는 1년 여의 시간을 단축시키는 성과에 불과했을진대, 우리가 '북방외교'를 조속히 마무리해야 한다는 사명감에 사로잡혀 대만 문제를 해결하는 과정에서 소홀히 하지는 않았는지 하는 아쉬움이 있다. 당시 "인내하면서 조금 더 기다리라" 한, 첸지천(錢其琛) 중국외교부부장(部長: 장관)의 요청을 받아들이면서, 우리의 전통적인 우방이며 형제 국가로 가깝게 지내왔던 대만과의 관계를 정리하는 문제를 신중하게 검토하여 그 대응 방안을 마련하고, 그 대응 방안을 기본으로 하여 대만을 설득해나갔어야 했다고 본다. 그런데, 당시의 우리 외무부 고위층이 저술한 『빛바랜 영광 속에 후회는 없다』라는 회고록을 보면, '당시 우리는 대만을 별로 의식하지 않았지만, 중국은 북한을 몹시 의식하고 있었다'라는 대목이 나온다. 중국은 당시 북한과는 소원한 관계에 있었지만, 그래도 북한의 입장을 존중하고 시간을 끌며 설득하는 절차를 진행했던 것으로 보인다. 하지만 당시 우리는 대만을 별로 의식하지 않았다고 회고하였는바 뒷맛이 개운하지가 않다. 당시 우리 정부 관리들과 중국 정부 관리들의 접촉이 늘어나고 있었고, 그러한 상황은 우리의 언론 보도 등을 통

해서 대만 정부가 감지할 수 있었을 것인바 대만 정부가 공식적이거나 비공식적인 경로로 한중수교와 관련한 우리 정부의 동향을 파악하기 위해 노력하는 것은, 대만 정부로서 취할 수 있는 당연한 일이었다고 본다. 그 과정에서 대만 정부가 수차례에 걸쳐서 우리 정부에 특사를 파견한 것은 우리 외교 당국의 고위층 회고록대로 '대만이 우리 정부의 대중국 접근을 견제하려는 의도'도 있었겠지만, 대만 정부의 입장에서는 한중수교의 동향을 파악하여 여러 가지 대응 방안을 마련하기 위해 한국 정부의 의중이나 동향을 공식적으로 파악하려는 목적도 있었을 것이라고 본다. 당시 대만 정부로서는 자기들의 의지대로 한국과의 국교단절을 막을 수 있는 아무런 수단도 방법도 없다는 것을 잘 알고 있었을 것이며, 한국 정부의 확고한 의지도 잘 알고 있었을 것이다. 그러한 냉혹한 현실 속에서 대만 정부로서는 당시 우리 정부와 중국 정부 간의 수교와 관련한 협상의 진행 상황을 신속하게 알아내는 것이 그 대응의 차원에서 필요했을 것인바, 대만 정부 관리들이 수시로 우리 정부와의 공식적인 접촉을 추진하는 것은 역지사지(易地思之)를 해봐도 당연한 일이었다고 본다. 우리가 받아들일 수 없는 주장을 펴거나 답변하기 어려운 질문을 반복해서 한다고 해도, 대만 정부 관리들의 면담 요청을 언제라도 받아들여 만나주면서, 외교 관례에 맞게 예의를 갖추면서 우리의 대응 논리를 가지고 설득하는 노력을 해야 했고, 당연히 나름대로 그렇게 했다고는 본다. 그런데, 성공적인 북방 정책을 이끌어내는 큰 업적을 남긴 우리 외무부 고위층의 회고록을 보면, 당시 대만 정부 특사를 면담하는 자리에서 '색다른 논리를 폈다' 하는 줄거리의 내용이 나온다. '중화민국(대만을 일컫는다)은 항상 본토수복을 주창해 왔는데, 이제 군사행동에 의한 본토수복은 불가능하게 됐다. 중국이 독재 체제를 버리고 민주화되고, 시장경제 체제를 도입해서 중국 인민이 잘살게 되면, 이는 대만에서 볼 때에는 군사력을 동원하지 않고 본토를 수복한 것이라고 할 수 있지 않겠는가, 본토수복의 목적은 지배와 통치권 행사에 있다기보다 중국 인민을 행복하게 하는 데 있어야 한다고 믿는다. 우리가 중국과 관계를 맺게 되면, 우리로서도 중국의 개혁과 개방을 촉진하는 데 기여할 수 있을 것인 만큼, 이는 본토수복이라는 대만의 정책 목표 달성에 일조가 되는 것이다'라고 하였고, 이어 '대만 측은 이 논리를 반박할 수도 없고, 수긍할 수도 없는 입장인 것처럼 보였다. 그저 멋쩍은 웃음으로 답변을 대신하곤 했다'라고 기술(記述)되어 있다. 그 '멋쩍은 웃음'은 듣기가 거북하여 언짢아하는 표시였을지도 모른다. 설령 우리 외무부 고위층의 그 논리가 옳다고 할지라도, 당시 대만 집권자들의 자존심을 상하게 만들기에 충분하고도 남음이 있었을 주장이 아닌가 한다. 그러한 논리는 학술강연회에서 학자가 주장을 했다 해도 대만 정부의 입장에서는 수긍하기가 어려웠을 것이라고 본다. 장제스(蔣介石)의 '본토수복 정책'은, 덩샤오핑(鄧小平)의 개혁개방 정책 추진 이후, 장징궈(蔣經國) 총통 시기인 1987년 대만 계엄령이 해제되고 중국 대륙과의 인적 교류가 추진되면서 당시 이미 퇴색되어버린, 그 이후 대만 정부에서 주장한 바 없는 비현실적인 정책이다. '개혁개방 정책의 추진으로 중국 인민의 소득을 향상시키고, 대만을 흡수하여 통일하겠다는 것'이 덩샤오핑(鄧小平)이 설계한 중국 개혁개방 정책의 최종 목표다. 중국 정부는 그 목표를 달성하기 위해 중국과의 수교 조건으로 대만과의 단교를 요구하여 대만을 외교적으로 고립시키는 정책을 추진하고 있었는바, 대만 정부는 이어지는 우방국들과의 단교로 고통을 받아오고 있었으며, 우리나라와의 단교를 눈앞에 두고 그 고통을 최소화할 수 있는 방안을 모색하기 위해 고심하면서 촉각을 곤두세워 특사를 파견하는 등 우리 정부 고위층들과의 접촉을 추진했을진대, 우리 외무부의 수장이 대만 정부의 그 특사 면전에서 중국을 옹호하는 주장을 폈으니 듣기가 불편하지 않았을까 하는 판단이 든다. 특사(特使)는 특별히 부여된 임무를 수행하는바, 그 결과를 총통(總統)께도 보고했을 것이라고 본다. 그 논리의 발언을 한 우리 외무부의 수장이 바뀐 이후로도, 대만 정부는 특사를 파견하여 우리 신임 외무부의 수장을 만나기도 하고 양국 정부 대표들의 상호 방문을 통해서도 단교와 관련한 회담을 진행했지만, 겉으로 드러난 것 외에는 우리가 어떻게 대응했는지는 알 수는 없으되 대만과의 단교 당시 대만 정부는 선제적으로 단교를 선언하면서 자국의 손실을 감수하며 우리나라에 대해 상상을 초월하는 보복 조치를 단행했다. 대만은 여러 우방들로부터 단교를 당했지만, 그러한 보복 조치를 한 선례는 없었다. 그러한 보복 조치는 사전에 준비 없이 즉흥적으로 단행할 수 있는 조치들이 아니라고 생각한다. '신의(信義)'를 존중하는 중화민족은 체면을 손상당하거나 자존심이 상하는 일을 당하면 보복을 한다는 문화가 존재한다. 물론 일각에서는 한-대만 간의 단교로 인한 대만 정부와 대만 국민이 받게 될 충격은 어차피 클 수밖에 없었고, 더구나 명동 대사관의 부지와 건물을 중국 대륙에 넘겨주어야 하는 등의 조치를 단행해야 할지니, 우리가 아무리 대만에 대해 예의를 갖추었다 해도 대만의 분노를 막아낼 수 없기는 마찬가지라는 주장을 펴기도 하는데, 우리의 방침대로 갈 수밖에는 없었다 해도 인내하며 준비된 우리의 대응 논리를 가지고 겸손한 자세로 예의를 갖춰 만나주고 찾아다니며 끝까지 설득을 했어야 했다고 보며, 물론 그렇게 했었겠지만 더 나은 미래를 위해 뒤돌아볼 필요가 있지 않나 하는 생각을 해본다.

우리 정부는 중국과의 수교 협상을 마무리하고 1992년 8월 24일 중국과 국교 정상화를 이루게 되면서 북방 정책의 최종목표를 달성했지만, 대만을 의식해서 그 홍보를 자제하는 분위기였고, 대만의 모든 언론들은 한국에 대해 분노를 표출했다. 대만의 민심은 동요가 있었고, 교민들은 불안에 떨어야 했다. 대만의 아파트들은 신발장들을 복도에 내어놓고 사용하기도 하는데, 공무원 유학생인 필자 동료가 거주했던 아파트 복도의 신발장 속 필자 동료의 신발 속에 한국이 배신했다는 내용의 장문의 손 편지가 들어 있었다고도 하고, 신발 속에 모래를 부어놓았다고도 하여 마음을 아프게 했다. 그러한 상태가 한동안 지속되었는바, 교민들은 크고 작은 피해를 당하면서 감수해야 했다.

당시 필자는 학업을 다 마친 상태에 있었는바 대만을 떠나기에 앞서서 인쇄가 마무리된 논문을 들고 교수님들께 드리면서 인사를 드리기 위해 며칠간의 시간을 내어 약속된 일정에 따라 연구소장(研究所長: 대학원장)님을 비롯하여 논문 작성을 지도해주신 교수님, 논문을 평가해주신 교수님과 필자가 수강했던 과목들의 교수님들을 찾아다니며 감사 인사를 드렸다. 대만을 떠나는 날짜도 1992년 8월 29일로 정했다. 필자를 도와주신 주변의 모든 분들에게도 감사의 인사를 드리는 등 분주하게 대만을 떠날 준비를 마무리했다. 그 무렵, 그러니까 한-대만 간 단교 직전에 왕이위(汪義育) 연구소장님으로부터 전화가 걸려왔는데, 필자가 대만을 떠나기 전에 우리 가족을 초청해서 저녁 식사를 하겠다는 것이다. 필자는 극구 사양을 했지만 완강하여 더 이상 거절을 할 수가 없었다. 정해진 식사 날짜는 1992년 8월 25일 화요일 저녁이었고, 식사 장소는 시내 중심부 동쪽에 위치한 브라더호텔(兄弟大飯店) 내의 식당이다. 연구소장님의 식사 초청 전화가 걸려올 무렵에도 대만 언론들은 연일 우리나라에 대해 부정적인 보도를 하고 있었다. 그런데 그 후 며칠이 지난 1992년 8월 20일쯤부터는 사태가 아주 심각하게 전개되기 시작했고, 주(駐)대만한국대사관으로부터 조심하라는 연락을 받기도 했었다. 그때부터 며칠간은 한국인들이 대만의 거리에 돌아다니기가 두려울 정도였으니 이해가 되리라 본다. 그러한 분위기 속에서 국립대학의 교수이시며, 더구나 연구소장(대학원장)이 한국인을 초청해서 자택도 아닌 공개된 장소에서 저녁 식사를 대접한다는 것이 잘 납득이 되지를 않았는바, 취소해주셨으면 하는 간절한 마음이었다. 필자가 연구소장님께 전화를 해서 취소해주십사 하고 애기를 하는 방안도 생각해봤지만 쉽게 판단이 서질 않았었다. 대만 언론과 대만인들의 동요가 심각한 상태의 정점에 있을 때인, 한중수교 당일이고 한-대만 간의 단교 당일인 1992년 8월 24일 저녁때 연구소장으로부터 전화가 걸려왔다. 내일의 저녁 식사 시간과 장소를 한 번 더 확인시키기 위한 전화였다. 미안한 마음뿐이었다. 다음 날 저녁 연구소장 부부는 우리 가족 다섯 식구를 따뜻하게 맞이했고, 식사 시간 내내 화기애애하고 부드러운 대화만 했으며, 당시의 한-대만 간의 단교 등 시국과 관련한 애기는 서로 한마디도 하지 않았다. 식사를 마치고 들어와 TV를 켜니 당시 식사 장소와 얼마 떨어져 있지 않은 주(駐)대만한국대사관 앞에서 단교에 반발하는 대만인들이 모여 격렬하게 데모하는 모습의 현장을 생중계하는

뉴스를 보도하고 있었다. 참으로 미안한 마음이었다.

　며칠 후인 1992년 8월 29일, 아쉬움을 남기고 풍요롭고도 아름다운 대만을 뒤로하고 감사하고도 미안한 마음으로 대만을 떠나왔다. 지금도 그때의 미안한 마음이 필자의 흉중 깊숙한 곳에 남아 있다. 얼마 전에 존경하는 왕이위(汪義育) 연구소장님께서 세상을 떠나셨다고 하는 슬픈 소식을 전해 들었는바 필자의 마음을 아프게 했다.

8.
타이베이(臺北)에서
머물며 지냈던 이야기

먼저 타이베이(臺北)를 간략하게 들여다보고 이야기를 이어가고자 한다. 타이베이(臺北)는 대만 섬의 북부 지역에 위치해 있는 타이베이분지(臺北盆地)에서 271㎢의 면적을 차지하고 있으면서, 2025년 7월 발표 기준으로 인구 248만여 명이 거주하고 있는 대만의 수도다. 타이베이(臺北)에는 대만 전체 인구의 3분의 1 가까이 되는 700만여 명의 인구가 살고 있고, 2,457㎢의 면적을 차지하고 있는 대만 수도권의 핵심에 있는, 대만의 중심 도시이기도 하다.

타이베이(臺北)는 평지에 사는 원주민인 평포족군(平埔族群)에 속해 있는 카이다거란족(凱達格蘭族) 등이 거주했던 곳으로, 네덜란드와 스페인 등이 점령하면서부터 도시화되기 시작하여, 청나라

후기인 1876년 타이베이부(臺北府)가 설립된 이후 일본 점령 시기부터 정치 중심지가 되었다고 한다. 1945년 일본이 패망하면서 중화민국국민당 정부에 의해 대만성(臺灣省)이 관할하는 타이베이시(臺北市)가 되고, 1949년 국부천대(國府遷臺)이후 중화민국(中華民國: 대만)의 수도가 되어, 1967년 중화민국(대만) 정부의 직할시로 승격된 이래 지금에 이르고 있다.

타이베이(臺北)는 타이베이의 남쪽으로부터 흘러들어 온 신뎬시(新店溪: 신점강)가 다한시(大漢溪: 대한강)와 만나서 단수이허(淡水河: 담수강)가 되어 지룽허(基隆河: 기륭강) 등 하류(河流)들과 합류하면서 타이베이를 통과하여 린커우(林口)를 거쳐서 대만해협으로 유입하는 강줄기들의 유역(流域)에 위치해 있으면서, 북쪽으로는 해발 1,000m가 넘는 다툰화산군(大屯火山群)의 산들로, 동남쪽으로는 쉐산산맥(雪山山脈)의 산들로, 서쪽으로는 린커우대지(林口臺地)로 둘러싸여, 대부분의 지역들이 평지와 구릉지를 이루고 있다. 타이베이(臺北)의 기후는 아열대(亞熱帶)기후에 속해 있다.

타이베이(臺北)에는 일본 점령기에 지어 대만총독부(臺灣總督府)로 사용했던 지금의 대만총통부(臺灣總統府) 건물을 비롯하여, 장제스(蔣介石) 총통을 기념하기 위해 일본 점령기 이후 군사기지(軍事基地)였던 250,000㎡의 부지 위에 70m 높이의 거대한 건물을 지어 장제스(蔣介石) 총통 사망 5주기인 1980년 4월부터 개방하고 있는 중정기념당(中正紀念堂), 쑨원(孫文) 선생 탄신 100주년을 기념하기 위해 공원 조성 예정지였던 115,000㎡의 부지 위에 지하 1층 지상 4층으로 지어 1972년 5월 준공한 30m 높이의 국부기념관 (國父紀念館), 1952년 건립 이후 1973년 중국 궁전양식(宮殿樣式)으로 건축했다고 하는 87m 높이의 원산대반점(圓山大飯店), 중국 대륙의 쯔진청(紫禁城)에서 보관하고 있던 골동품 등 보물들을 보관 전시하기 위해 특별하게 지은 고궁박물원(故宮博物院) 등 특이한 대형의 건물들이 있다.

타이베이(臺北)에는 우리의 명동처럼 번화한 시가지를 이루고 있는 시먼딩(西門町) 거리도 있고, 필자가 타이베이를 떠나온 이후 새로이 생긴 '101빌딩'을 비롯하여 쇼핑센터들이 들어서 있는 빌딩들 등 고층 빌딩들이 즐비하게 들어선 거리들도 있다. 타이베이에는 밤에 화려하게 열리는 쓰린(士林) 야시장 등 크고 작은 야시장들도 있고, 주말에만 열리는 대규모의 화훼(花卉)시장과 옥(玉)시장도 있다. 타이베이에는 도시의 허파와 같다고 하는, 타이베이의 중심부에 위치한 약 259,000㎡ 규모의 다안(大安)삼림공원을 비롯하여, 중정기념당(中正紀念堂)이나 국부기념관(國父紀念館)에도 공원들이 조성되어 있고, 일본 점령 시기인 1921년 건립되었다고 하는, 도심 속에서 숲을 이루고 있는 82,000㎡ 규모의 식물원(植物園)도 있고, 교외에도 양명산(陽明山: 양밍산)공원, 베이터우(北投)공원 등 자연의 공원들이 있는 등 타이베이시의 도처에 주민들이 편안하게 휴식을 취할 수 있는 크고 작은 공원들이 있다.

타이베이(臺北)의 대강에 대한 이야기는 이 정도로 하고, 타이베이(臺北)에서 머물며 지냈던 이야기로 넘어가고자 한다.

필자는 1990년 3월 23일부터 1992년 8월 29일까지 대만 타이베이(臺北)에서의 유학 생활을 마치고, 원 소속 기관인 상공부로 귀임하여 근무를 하다가 대만과의 단교 이후 대사관에 갈음하여 설립(1993년 7월 27일 '한국-대만 오사카회담'의 합의에 의거, 1993년 11월 25일 정식으로 개관)하게 되는, '주타이베이(駐臺北)한국대표부'의 '대표보(代表補: 상무관)'로 발령을 받아 1993년 7월 21일부터 1994년 8월 9일까지 1년여 동안 근무하면서 대만의 타이베이(臺北)에서 생활했었다. 필자가 대만에서 유학할 때는, 타이베이(臺北)의 남쪽 완화구(萬華區)에 위치한 '청년공원(青年公園: 칭녠궁위안)' 부근에 있는 '칭녠궈자이(青年國宅: 청년국택)아파트' 31동 10층에서 거주했었고, 주타이베이(駐臺北)한국대표부에서 근무할 때는 '런아이로(仁愛路)3단'의 골목 안에 있는 연립주택 4층에서 거주하다가 '런아이로(仁愛路)4단'의 '국부기념관(國父紀念館)' 맞은편에 있는, 국부기념관(國父紀念館)이 내려다보이는 '신둥양(新東洋: 신동양)아파트' 6층으로 옮겨 거주하면서 타이베이(臺北) 생활을 이어갔었는바, 타이베이(臺北)에서 머물며 지냈던 일들에 대한 이야기를 이어가고자 한다. 유학 시절의 학교생활 이야기는 절을 달리하여 「11. 대만 유학 시절의 이야기」편에서 이어가기로 하고, 주타이베이(駐臺北)한국대표부에서 근무했을 때의 이야기부터 먼저 하고 넘어가고자 한다.

타이베이(臺北)에서 머물며 근무했던 이야기

필자가 대만의 주타이베이(駐臺北)한국대표부에 처음 부임했을 때는, 대만과 단교가 된 지 1년도 채 안 된 시점으로 근무 환경이 안정되어 있지 않았었다. 대만의 국부기념관(國父紀念館) 뒤편에 있었던 '구(舊) 주중화민국(駐中華民國)대한민국대사관' 건물은 을씨년스럽게 비어 방치되어 있었고, '주타이베이(駐臺北)한국대표부' 사무실은 '타이베이(臺北)세계무역중심'의 '국제무역빌딩(國際貿易大樓)'에 자리를 잡고 들어서 있었지만 정식으로 개관이 안 되어 있었고, 한동안 대표(代表: 대사)도 임명되지 않아 공석 중이었다. 거주하고 생활하는 데는 불편함이 없었지만, 대만에 대해 미안한 마음을 가지고 지냈었다. 업무를 시작하면서 필자의 카운터 파트너인 '대만경제부(經濟部) 국제무역국(國際貿易局) 제4조(第四組: 한국 담당 부서)'를 방문하여 부임 인사를 했는데, 필자가 유학 시절부터 알고 지냈던 '주한중화민국대사관(駐韓中華民國大使館)' 시절 상무관으로 근무했던 과장(課長)급 관리들을 비롯하여 필자가 유학한 대만국립정치대학(政治大學)의 선배인 조장(組長: 국장) 등 간부들이 친절하게 대해주었고, 그 이후로도 적극적으로 도와주었는바 수월하게 업무 협조를 이루어나갈 수 있었다. 정치대학 국제무역연구소를 방문하여 소장님을 찾아뵙고 인사드리고, 소장님께서 조율하여주신 일정에 맞춰 필자 유학 시절에 필자에게 도움을 주셨던 연구소장님을 비롯하여 논문지도교수님, 그 이후 대만 총통이 되신 차이잉원(蔡英文) 교수님 등 몇 분의 교수님들을 초청하여 만찬을 하면서 인사도 드렸고, 유학 시절 가깝게 지낸 학우들과 '국어일보어문중심(國語日報語文中心)'의 선생님 등 지인들도 만나 인사하기도 하면서 업무를 이어갔다.

당시 주타이베이(駐臺北)한국대표부의 급선무는, 교민 생활을 안정시키고 한-대만 간의 교류를 정상적으로 회복시켜야 하는 일이었다. 그 범주에 들어 있는 업무들이기는 하지만, 한-대만 간 단교로 중단된 양국 국적항공기 직항노선의 복항, 대(對)대만 자동차 수출 쿼터의 회복, 과일 교역의 재개 등 현안 과제들이 산적해 있었는데, 양국 국민들의 불편을 해소시키고 양국 관련 업계들의 손실을 최소화시키기 위해서 해결해내야 할 시급한 과제들이었다. 대만의 자동차 수입상들인 딜러들이 필자를 찾아와서, 한국산 자동차의 수입이 중단된 이후 "한국산 자동차들이 선착장 부두의 하치장에 방치되어, 자동차들의 하부에 녹이 슬고 있다" 라고 하면서 조속한 해결을 호소해오기도 했고, '한국자동차공업협회' 상근부회장 등 간부들이 수차례 찾아와서 대(對)대만 자동차 수출을 재개할 수 있도록 대만 정부에 건의해줄 것을 요청해오기도 하고, '한국농림수산식품수출입조합'으로부터도 중단된 과일 교역을 재개할 수 있도록 도와줄 것을 요청받았지만, 그 해결을 위해서는 양국 정부 간 회담을 개최하는 등의 절차를 거쳐야 하는데 당시의 분위기로는 쉽지 않은 상황이었었다. 항공기 복항의 경우, 당시 대만교통부는 대만 국민의 정서상 시기상조라는 입장을 고수(固守)했고, 과일 교역 재개의 경우는, 대만농업위원회를 두세 차례 방문하여 타진한 바 양국 민간기구 간 한국산 사과, 배, 귤 등과 대만산 바나나(香蕉), 망고(芒果) 등과의 '구상무역' 관련 협상을 진행하기로 협조가 비교적 쉽게 잘 이루어졌다. 대만 정부가 단교에 대한 보복으로 우리의 철강제품과 PP, PE 등 석유화학제품 등에 대해 덤핑관세를 부과하려 하거나 우리 해운선사들에 대해 재무제표(財務諸表)의 제출을 요구하는 등의 조치를 취하기도 했지만, 대표(代表: 대사)와 함께 대만경제부를 비롯하여 재정부와 교통부 등 관련 대만 정부 부처의 부장(部長: 장관) 등을 만나기도 하면서 협조를 당부했는바, 해결이 되기도 하면서 넘어갔었다.

대(對)대만 자동차 수출 쿼터 회복의 경우는, 대만경제부 국제무역국(國際貿易局) 소관 업무로, 우리가 대만에 수출할 수 있는 쿼터를 일방적으로 회복시켜내는 일이었는데도 대만교통부(交通部) 소관 업무인 양국 국적항공기 직항노선을 복항시키는 문제처럼 부정적이지는 않았었다. 대(對)대만 자동차 수출 쿼터는 단교 당시 8,788대였고, 그 이듬해에는 11,424대로 늘어나도록 되어 있었는데 대만에 의해 철폐되었었다. 쿼터를 회복시키려면 회담을 개최해야 하는데, 당시의 상황으로 대만으로서는 상층부의 승인을 얻어야 했고, 우리로서도 본부(외무부, 상공자원부)와 협의를 거쳐야 하는 등의 절차들이 있어 회담 개최를 이루어내기가 쉽지는 않았었다. 당시의 그런 상황에서 경제부 국제무역국(國際貿易局)과 협의하면서, 경제부 국제무역국의 협조에 의해 당시 대만 자동차 수입의 열쇠를 쥐고 있던 경제부 공업국(工業局)을 접촉하여 당시의 상황을 설명하며 협조를 당부하는 과정에서 긍정적인 반응과 한국산 자동차를 수입할 수 있는 여유가 있음을 확인하게 된다. 그 설명을 바탕으로 하여 경제부 국제무역국과 '한-대만 자동차 회담'개최의 공감대를 형성한 후, 경제부 국제무역국과 회담 개최 조건들의 협의를 이루어 타이베이(駐臺)에서 회담을 개최하기로 하고 1994년 7월 순조롭고도 우호적으로 회담을 진행했지만 안타깝게도 협상이 결렬되고 만다. 참으로 허탈했지만 어쩔 수가 없었다. 당시 상공자원부장관이 WTO(1995년 1월 1일부터 GATT가

WTO로 바뀌어 창립되었다) 사무총장 후보로 지목(指目)되었다는 사실 이외의 상황으로는, 대만이 일방적으로 중단시킨 우리에 대한 자동차 수입 쿼터를 회복시켜주겠다는 대만의 의지로 성사된 회담이었고, 대만이 우리에게 수입 쿼터를 회복시키는 문제는 중국과도 무관한 일이었고, 대만은 미국을 비롯한 캐나다, EU, 일본 등 국가들과도 자동차 수입 쿼터제를 시행하고 있었고, 수입 쿼터제는 당시 대만뿐만 아니라 각국이 자국 산업 보호를 위해 시행하고 있는 제도로 당시로서 국제법규에 위반하는 것도 아니었다. 또한 당시 대만의 GATT 가입 추진과 관련하여, 중국으로서도 중국보다 먼저 대만이 가입하는 것만을 견제하고 있었을 뿐이며, 대만의 GATT 가입 문제는 국제적으로도 공감대가 형성되어 있어 우리만이 대만의 GATT 가입을 반대할 이유가 없었다고 본다. WTO(세계무역기구)는 회원국 간의 무역 분쟁을 중재(仲裁)하여 해결하고, 세계를 단일 경제 블록으로 조성하는 것을 목표로 무역 규제를 철폐하거나 줄여나가기 위해 조직되는 국제기구이기는 하지만, 당시로서는 각국이 수입 쿼터제를 시행하고 있었고 우리가 대만에게 수입 쿼터를 주는 것도 아녔으니, WTO 사무총장 경선에 별로 문제가 될 소지가 없다는 판단이 들었지만 어찌할 수 있는 방법이 없었다. 당시 11,000여 대의 자동차 쿼터는 적지 않은 물량으로, 업계나 국가적으로도 큰 손실이 아닐 수 없었다. 당시 우리에게 우(愚)는 없었는지, 더 나은 미래를 위해 뒤돌아볼 필요는 있지 않나 하는 생각이 든다. 그 4년 이후인 1996년 8월, '한-대만 자동차회담'을 통해 대만으로부터 7,000대의 자동차 수입 쿼터를 얻어내게 된다.

필자가 대만에서 근무하는 동안, 카운터 파트너인 경제부 국제무역국을 비롯하여 경제부, 농업위원회 등 주재국 정부의 관리들이 친절하게 예우해주면서 적극적으로 도와주었는바, 약 1년의 짧은 기간이었지만 무사히 임무를 마치고 대만을 떠나올 수 있었다. 당시 타이베이(駐臺)에는 우리 대기업들의 지점들과 종합상사들을 비롯하여 적지 않은 중소기업들도 진출해 있었고, 단항은 되었지만 항공사와 해운선사들도 들어와 있었는데 업무적으로 도움을 요청해오면 적극적으로 협조하며 보람을 느꼈고, 각 기업들의 지점장들과 상사 대표들로 구성된 상사협의회의 정례 모임에 참석하여 정보를 교류하는 등 우호적으로 지냈는바 떠나올 때 아쉬움이 있었다. 1994년 8월 8일, 동료들의 배웅을 받으며 태풍(더그) 속에서 타오위안(桃園) 중정(中正)공항으로 출발을 했는데, 필자를 떠나보내기가 아쉬운 듯 태풍이 강해져 항공기가 결항되는 바람에 공항까지 배웅 나온 동료와 함께 타이베이(駐臺)의 호텔로 되돌아와 하루 더 머물다가 1994년 8월 9일 대만을 떠나 본국을 경유하여 1994년 8월 16일 중국 텐진(天津)을 거쳐 베이징(北京)으로 들어가 주(駐)중화인민공화국 대한민국대사관에 부임하여, 중국 대륙에서의 근무를 시작했다.

대만에서 즐긴 여가 생활 이야기

　필자가 유학할 때 거주했던 아파트의 주변에는 필자가 시간이 날 때마다 아침저녁으로 산책했던 '청년공원(靑年公園: 칭녠궁위안)'이라고 하는, 골프장을 개조하여 만든 약 24만 4,400㎡나 되는 큰 공원이 있었다. 긴 수염을 늘어뜨린 용수(榕樹: 룽수)나무의 숲이 우거진 광활한 청년공원(靑年公園)에는, 이른 아침부터 태극권이나 에어로빅댄스 등의 운동을 하는 사람들과 가라오케를 즐기는 사람들, 바둑이나 장기를 두는 사람들이 군데군데 모여 각자의 취향에 맞는 취미 활동을 하는 남녀노소의 사람들로 가득했다. 댄스를 하는 사람들의 율동 음악이나 가라오케를 즐기는 사람들이 부르는 노랫소리는 좀 요란했지만 누가 뭐라고 하는 사람은 없었다. 대만인들은 그렇게 서로를 인정하면서 배려하고, 서로를 존중하면서 어울리고, 자유분방(自由奔放)하게 즐기면서 살아간다. 풍요로운 대만인들의 아름다운 삶의 모습이라고 생각한다. 함께 어우러져 즐기지는 못했지만, 대만 사람들의 삶의 모습을 보고 느끼면서 아름다운 청년공원(靑年公園)을 산책하곤 했었다.

　필자가 대만에서 생활하는 동안 주말에 시간이 날 때면 가족과 함께 가끔 산책하던 곳이 또 하나 있다. 타이베이(臺北) 시내의 북쪽에 위치해 있는 '양명산공원(陽明山公園: 양밍산궁위안)'이다. 필자가 유학할 때는 시간을 내기도 어려웠지만 자동차가 없어 자주 갈 수가 없었는데, 근무할 때는 주말에 시간이 날 때 불편함 없이 가족과 함께 양명산공원(陽明山公園)에 올라가 신선한 공기를 마시며 산책을 하고 내려오곤 했었다. 양명산공원(陽明山公園)은 그 면적이 113㎢나 되는, 수림이 우거진 해발 445m의 계곡을 품고 있는 거대한 공원이다. 양명산공원(陽明山公園)과 이어져 있는 산줄기들에는 해발 1,120m의 치싱산(七星山: 칠성산), 해발 1,092m의 다툰산(大屯山: 대둔산), 해발 1,072m의 샤오관인산(小觀音山: 소관음산) 등 해발 1,000m가 넘는 산들이 있다. 양명산(陽明山: 양밍산)은 대만에서 유일하게 화산(火山)의 지형을 이루고 있는 화산 지구에 속해 있는 산이다. 다양한 동식물들이 서식하고 있는 양명산(陽明山)은 아름다운 풍광을 지니고 있는 청정한 자연의 공원으로, 타이베이(臺北) 시민들의 사랑을 받고 있는 산이다. 양명산(陽明山: 양밍산)의 원래의 이름은 초산(草山: 차오산)이었는데, 장제스(蔣介石)에 의해 1950년 3월 개명되었다고 한다. 장제스(蔣介石)가 패주(敗走)하여 1949년 12월 10일 대만으로 들어오면서부터, 초산(草山) 자락의 '스린(士林: 사림)'이라는 곳에서 거주하기 시작하는데, 자신이 존경해온 명(明)나라 때의 철학자 '왕양명(王陽明)'의 품에 안겨 지내고자 해서 그랬는지, '초산(草山)'이라는 이름을 왕양명(王陽明)의 이름을 따서 '양명산(陽明山)'이라는 이름으로 바꾸어 부르도록 했다고 한다. 장제스(蔣介石)는 그 이후 계속해서 권좌에 앉아 있으면서 1975년 4월 5일 세상을 떠날 때까지 양명산(陽明山) 자락의 그 스린(士林)에서 거주했다. 자동차를 몰고 수림이 우거진 산길을 따라 양명산(陽明山)의 전산(前山)공원을 넘어 산의 위쪽으로 올라가면 시원한 바람이 부는 수풀이 우거진 평원도 있고, 더 올라가다 보면 치싱산(七星山) 남록의 해발 805m의 위치에 '샤오유킹(小油坑: 소유갱)'이라고 하는, 살아 있는 화산의 분화구(噴火口)가 있다. "쉬…" 소리를 내며 하얗게 뿜어내는 후끈한 열기에 유황 냄새가 물씬 난다. 그 분화구를 지나 한 고개를 넘어가면 산자락에 허름하지만 양질의 유황 온천수가 나오는 '마차오(馬槽: 마조)'라고 하는 온천이 있었는데, 그곳에서 몇 번 온천욕을 한 적이 있었다. 한 칸씩 막아놓은 가족탕처럼 생겼는데, 겨울철에는 탕에 온천수를 받기까지는 춥고 어설프지만 특특한 누런 우윳빛 색깔을 띤 온천수를 받아놓고 짙은 유황 냄새가 나는 탕 안으로 들어가면 '뚝배기보다 장맛'이라는 말이 실감이 났었다.

양명산(陽明山)공원을 산책하고 나서 양명산(陽明山)을 넘어 우측의 방향으로 굽이굽이 내려가 국도를 따라 달리다 보면 대만의 북부해안(北部海岸)에 다다르게 되는데, 그 북부해안의 동쪽 위치에 '예류(野柳: 야류)'라고 하는 천연(天然)지질공원이 있어 산책하기도 했었다. 타이베이(臺北)에서 빠른 길로 지룽(基隆: 기륭)의 입구를 거쳐서, 좌측의 북서쪽 방향으로 이어져 있는 북부해안(北部海岸)도로를 이용해 예류(野柳)공원을 가는 방법도 있다. 2023년 11월 23일부터 7박 8일간 대만을 방문했을 때도 아내와 함께 예류(野柳)공원을 돌아봤었는데, 예나 다름이 없었다. 거리도 있고, 더구나 하절기에는 덥고 동절기에는 바닷바람이 있어 추우니 자주 갔었던 곳은 아니다. 양명산(陽明山)공원을 안고 있는 다툰산(大屯山)의 여맥이라고 하는 곶(串)이 태평양 바다로 길쭉하게 1.7㎞나 뻗어 있는 예류(野柳)공원의 안쪽으로는, 먼바다 쪽으로 들어갈수록 높아져 산을 형성하고 있다. 산의 모양이 거북이 머리처럼 생겼다고 하여 '귀두산(龜頭山)'이라고 부른다고 하는데, 산이 바다와 닿아 있는 부분들에는 절벽을 이루고 있어 위험함을 느끼기도 한다. 예류(野柳)공원의 입구 쪽으로는 지각(地殼)운동에 의해 지표(地表)로 솟아난 사암(砂巖)이 장구한 세월 동안 파도에 의한 침식(浸蝕)과 풍화작용(風化作用)으로 깎여지면서 생긴 기암괴석(奇巖怪石)들이 널려 있는 황토색의 바위 언덕들로 주로 이루어져 있다. 출렁이는 파도들이 부딪치는 해면에 닿아 있는 바위들에는 해식(海蝕)동굴이나 구혈(甌穴)들이 파여 있어 신비(神祕)스러운 경관을 이루고 있기도 하고, 바위 언덕들에는 수많은 크고 작은 바위들이 널려 있는데 그중에는 큰 머리를 가는 목으로 아슬아슬하게 받치고 있는 여왕 머리의 형상을 하고 있는 '여왕두석(女王頭石)'이라는 바위를 비롯하여, 촛대처럼 생겼다고 하여 '촉상암(燭狀巖)', 버섯 같다고 하여 '심상암(蕈狀巖)', 두부처럼 생겼다고 하여 '두부석(豆腐石)'이라는 이름이 붙여진 바위 등 다양한 모양의 바위들이 바위 언덕들의 여기저기에 널려 있어 흥미를 더해준다. 짙은 황토색과 갈색 등의 색깔을 띤, 널려 있는 다양한 모양의 기암(奇巖)들이 황토색의 바위 언덕들과 출렁이는 맑은 바다와 어우러져 아름다운 자연의 경치를 이루고 있는 특이한 공원이다.

양명산(陽明山)공원에서 서남쪽 방향의 산자락인, 타이베이(臺北)시의 북단에 위치해 있는 '베이터우(北投)'라는 온천 지역에는 '디러구(地熱谷: 지열곡)'라는 온천수가 흐르는 계곡이 있다. 디러구(地熱谷) 계곡을 따라 쭉 걸어 올라가다 보면 온천물이 고였다가 흐르는, 증기가 피어오르는 '디러구(地熱谷) 연못'이 나오는데, 그 연못을 지나 올라가면 언덕으로 막혀 있는 막다른 곳에 디러구(地熱谷) 연못으로 흘러내려 오는 뜨거운 물이 솟아오르는 널찍한 샘이 있었다. 그 온천 샘에는 큼직하고도 납작납작한 돌들이 밭 전(田) 자 모양들을 이루며 쭉 깔려 있어, 그 돌들을 디디고 유황 냄새가 나는 온천 샘 안으로 들어가 후끈후끈한 열기를 느끼면서 걸어 다니기도 했었다. 그 돌들 사이사이에서 솟아나는 온천수에 계란을 넣어 익혀서 파는 상인들도 있었고 관람객들이 계란을 가지고 와서 직접 익혀 먹는 사람들도 있었는데, 그 이후 필자가 2023년 11월 29일 방문했을 때는 필자가 대만에서 유학하고 근무할 때의 모습과는 달리 말끔하게 단장되고 확대되어져 있는 디러구(地熱谷) 연못만 보이고 그 온천 샘은 보이지 않았다. 베이터우(北投)구정부가 안전사고의 예방과 환경오염을 방지하기 위해 그 디러구(地熱谷) 온천 샘을 디러구(地熱谷) 연못으로 흡수시켜 없애버렸다고 한다. 아쉽게도, 신비스럽고도 아름다웠던 자연 그대로의 옛날 디러구(地熱谷)의 모습은 더 이상 볼 수 없게 됐지만, 연못 둘레의 언덕에 조성된 산책로를 따라 걸으며 증기가 피어오르는, 더 커진 디러구(地熱谷)를 감상할 수가 있었다.

양명산(陽明山)공원의 동편 산등성이에는 과거에 목장이었다고 하는, 한여름에도 시원하며 색다른 풍광이 있는 아름다운 '칭텐강(擎天崗: 경천강)'이라고 하는 초원 지대가 길게 펼쳐져 있어 산책하기도 했었다. 필자가 동양란(東洋蘭)에 관심이 있어, 양명산(陽明山) 동쪽 자락의 산상에 있는 난원(蘭園)들을 둘러보기도 했었다. 농장 주인의 설명에 의하면 아주 값이 비싸고 고귀한 동양란들이 많이 있었는데, 그 값비싼 많은 난초(蘭草)들을 차광막만 치고 그냥 밭에 심어 싱싱하게 재배하고 있어 특이하다고 느꼈었다. 타이베이(臺北)에는 그런 동양란(東洋蘭)들과 서양란(西洋蘭)을 비롯한 각종 화초들을 파는, 주말에만 열리는 대규모의 '자르화스(假日花市: 가일화시)'라고 하는 화훼시장이 있다. 그 '자르화스(假日花市)'는, 양명산(陽明山)이 있는 북쪽으로부터 남쪽 방향으로 타이베이(臺北) 중심을 가로지르는 신호등 없는 왕복 고가도로인 '젠궈가오자(建國高架)도로'의 시(市) 중심 일부 구간의 그 고가도로 밑에서 주말에만 열리는데, 우리의 양재동 화훼시장처럼 없는 화초가 없다고 하는 대규모의 화훼시장이다. 그 화훼시장의 북쪽으로는 '자르위스(假日玉市: 가일옥시)'라고 하는, 역시 주말에만 열리는 대규모의 특이한 '옥(玉)시장'이 있다. 그러니까, 타이베이(臺北) 중심을 동에서 서로 가로지르는 '런아이로(仁愛路)'를 사이에 두고, '젠궈가오자(建國高架)도로'의 북쪽 고가도로 밑으로는 화훼시장이, 남쪽 고가도로 밑으로는 옥(玉)시장이 매주 토요일과 일요일에만 열린다. 1989년부터 생겼다고 하는, '골동품 박물관'과도 같은 '자르위스(假日玉市: 가일옥시)'라고 하는 대규모의 특이한 그 옥(玉)시장에서는 고옥(古玉)을 비롯하여 대만 옥(玉), 미얀마 옥(玉) 등 옥(玉)제품들뿐만 아니라, 금은제품, 진주(珍珠), 수정(水晶), 비취(翡翠), 보석 등 귀금속들, 각종 장식품, 목각 예술품 등의 귀중품들을 각각 주인이 다른 200여 개의 탁자에 진열해놓고 판다. 여가 시간에 가족과 함께 들여다본 적이 있는데, 특이한 시장이라는 생각이 들어 소개하고 넘어간다.

필자가 타이베이(臺北)에서 근무하는 동안 주말에, 주로 동료들과 가끔 타이베이(臺北) 인근의 골프장들에서 골프를 치기도 했다. 당시 대만에는 100여 개의 골프장이 있다고 했는데, 타이베이(臺北) 주변에도 여러 개의 골프장들이 있었다. 그중에서도 타이베이(臺北)에서 타오위안(桃園)공항으로 가는 중간에 있는 '린커우제일골프장(林口第一高爾夫球場)'을 많이 이용했었다. 그 골프장은 대만의 '포모사(Formosa)그룹'이 설립한 27홀의 골프장이었는데, 타이베이(臺北) 시내와의 거리가 가깝고, 당시 우리에게 특별한 우대를 해줬기 때문이다. 우리 대표부가 주관했던 주(駐)대만일본대표부 대표 등 외교관들과의 친선 게임도 그 골프장에서 개최했다. 날씨가 더울 때는 주로 이른 새벽에 티오프를 하는데 안개가 짙게 낀 날은 가시거리가 50m도 안 돼, 두세 홀은 짐작으로 치고 나가야 하니 오비가 나도 잘 모르는 경우가 있다. 산자락에 있는 골프장이라 굴곡이 심해 공이 언덕 밑으로 떨어지면 힘들기도 했지만, 수풀이 우거진 아름다운 계곡을 잘 넘겨 통과시키면 나름대로 재미도 있었다. 라운딩 중에 소나기가 내리면 피할 곳이 없으니 우비 옷을 꺼내 입고 그냥 수중 경기를 하게 되는데, 그때의 꼴은 참으로 우습기도 했었다. 날씨가 더울 때는 땀을 많이 흘리게 되는데, 라운딩을 끝내고 샤워하고 나와서 마시는 한잔의 맥주는 그야말로 꿀맛이었다. 필자가 골프를 잘 치지도 못했고, 골프도 술도 별로 많이 좋아하지는 않았지만 말이다. 그 골프장의 입구 쪽 첫 홀의 파3홀에는 당시 현직 총통(總統: 대통령)이었던 리덩후이(李登輝) 총통의 '홀인원(一杆進洞) 기념 팻말'이 세워져 있었다. 당시 골프를 좋아하는 리덩후이(李登輝) 총통이 주변의 구애(拘礙)를 받거나 주변을 의식하지 않고 자연스럽게 골프를 즐길 수 있었다는 것은, 서로를 존중하며 살아가는 대만인들의 성숙된 의식 수준을 보여주는 한 단면이 아닌가 하는 생각이 들었었다.

대만 고궁박물원(故宮博物院)을 드나들다

양명산(陽明山) 자락의 장제스(蔣介石) 총통 관저에서 동쪽의 방향으로 좀 더 깊숙하게 들어가면 양명산(陽明山)으로 둘러싸여 있는, 경관이 수려한 양명산(陽明山) 자락에 대만 고궁박물원(故宮博物院)이 힘 있게 안정적으로 자리를 잡고 앉아 있다. 필자가 대만에서 유학하고 근무하는 동안 자주 드나든 곳이다. 대만을 방문하기 위해 본국에서 온 손님들에게 빠짐없이 안내하는 곳 중의 한 곳이다. 대만 고궁박물원에 소장되어 있는 문물과 예술 작품들은 중국의 역대 왕실에서 보관하고 있던 보물들로, 장제스(蔣介石) 국민당 정부가 중일전쟁과 국공내전의 와중에 중국 대륙에서 이리저리 옮겨가며 지니고 다니다가 국부천대(國府遷臺)를 준비하면서 1948년 11월 대만으로 가지고 들어온 것들이다. 대만 내에서 분산 보관하거나 전시하고 있던 것들을, 고궁박물원(故宮博物院) 건물을 지어 1965년 11월부터 집중 보관하면서 전시해오고 있다. 주로 중국 대륙의 쯔진청(紫禁城)에서 전시 또는 보관하고 있던 보물들로 모두 70만여 점이나 된다고 하는데, 기물류(器物類)들은 반년에서 2년에 한 번씩, 서화(書畫)와 도서문헌(圖書文獻)은 매 3개월마다 바꾸어가며 전시한다고 한다. 대만 고궁박물원을 방문하게 되면 중국의 역대 문물들을 직접 눈으로 보고 즐길 수 있는바 유익한 시간을 보낼 수 있었다. 필자가 안내하여 대만 고궁박물원을 방문한, 본국에서 온 손님들 대부분이 대만 고궁박물원에 전시되어 있는 진귀한 중국의 역대 문물들을 관람하면서 보람 있어 하고 즐거워했는바, 안내를 하는 필자로서도 즐겁고 보람이 있었다. 세계 각 문화권에서 발굴하여 보관하고 있는, 희귀하고도 가치가 있는 보물들을 수집하여 보관하면서 전시하고 있는 웅대한 '대영박물관'이나 '루브르박물관'보다는 그 규모는 작지만, 대만고궁박물원(臺灣故宮博物院)에 전시된 한 점 한 점의 보물들도 5천 년을 이어온 중국의 역사적, 예술적인 가치를 지니고 있는 진귀한 세계 최고의 보물들이라는 생각이 든다. 서화관(書畫館)에 전시된 섬세하고도 호화로운 대형의 동양화나 반듯하고도 균형이 잡힌 살아 있는 듯 힘이 솟아 있는 대형의 서예 작품들을 보면 감탄이 저절로 나온다. 전시실의 안내 방향에 따라 석기시대의 것부터 시대순으로 들여다보게 되는데, 호화찬란한 당나라전시관에서 송나라전시관으로 넘어가다 보면 청자(靑瓷)들이 진열되어 있었다. 그 시기는 우리가 고려청자를 생산하던 시기와 물려 있는 시기다. 그런데 발걸음을 멈추고 들여다보면 그 색상이나 문양 면에서 우리의 고려 상감청자(象嵌靑瓷)가 훨씬 더 우위에 있다는 것을 알 수가 있다. 우리가 그 상감청자의 아름다운 비색(翡色)을 만드는 비법을 재현(再現)하고 있다고 하니 다행스러운 일이 아닌가 한다. 청화백자의 명나라전시관을 지나면 화려한 청나라전시관으로 이어지는데, 한 점 한 점의 호화롭고도 섬세한 전시물들을 보면 고개가 끄덕여진다. 밤하늘의 무수한 별들을 바라보면서 우주의 무한함을 알게 되고 인간이 한갓 미물임을 깨닫게 되지만, 살아가면서 그 미물인 인간이 무한한 능력을 지니고 있는 소우주(小宇宙)라는 것도 깨닫게 되는데, 대만 고궁박물원(臺灣故宮博物院)의 전시물들을 들여다보면서도 무한한 인간의 재능을 조금이나마 느낄 수 있지 않을까 한다.

대만의 먹을거리들과 야시장(夜市場) 이야기

　타이베이(臺北) 시가지 주변의 시장들에서는 대만의 농촌에서 생산된 신선하고도 저렴한 채소와 과일 등 먹을거리들을 수북수북 쌓아놓고 판다. 그중에서도 계란 크기만 하고 속에 쪽이 없는 새콤달콤한 대만 오렌지 '류딩(柳丁)'을 비롯하여, '망고(芒果)', '파파야(木瓜)', '바나나(香蕉)', '파인애플(鳳梨)', 별 모양의 달콤한 듯 향기가 있는 '양타오(楊桃)', 무화과 열매같이 생겼으며 솜방망이처럼 부드럽고도 사각사각 달콤새콤한 '렌우(蓮霧)', 육질이 딱딱하고 싱거운 듯 새콤한 맛이 있는 '바러(芭樂)', 양귀비(楊貴妃)가 즐겨 먹었다고 하며 아름다운 색깔과 청순한 향이 있고 달콤한 '리즈(荔枝)', '코코넛(椰子)' 등 우리나라에는 거의 없었던 특유한 맛이 나는 신선하고 다양한 대만 과일들이 생각난다. 아침에 문밖에 나가면 멀지 않은 곳 어디에나 아침 시간에만 문을 여는 간단한 아침 음식을 파는 가게들이 있었다. 맛이 없는 듯 맛있는, 속에 아무것도 들어 있지 않은 주먹만 한 하얀 '만터우(饅頭)' 빵, 밀가루 반죽을 발효시켜 기름에 튀긴 길쭉한 '요우탸오(油條)' 빵, 하얀 콩을 갈아서 만든 따끈한 '더우장(豆醬)'이라고 하는 두유(豆乳) 등을 싼값으로 팔고 있어 한 끼 아침 식사를 간단하게 훌륭히 해결할 수 있다. 점심시간이나 저녁 시간이 되면 주택가나 시가지 골목들에 있는 식당들에서 나름대로의 특색과 맛이 있는 다양한 음식들을 만들어 파는바 편리하게 식사를 할 수가 있다. 뷔페식당처럼 여러 가지 음식을 차려놓고 선택한 음식에 대해 계산을 해서 파는 식당들도 있어 식성이나 호주머니의 사정에 따라 식사를 할 수도 있다. 저녁 시간이 되면 식당 앞의 한적한 도로까지 점령하여, 대낮처럼 밝은 등들을 내걸어 식탁을 펼쳐놓고 대만식 소스를 얹어 낸 소고기 스테이크를 파는 식당들도 있고, 물만두를 큰 접시에 듬뿍듬뿍 담아서 파는 식당들도 있었다. 쇠고기탕면인 '뉴러우멘(牛肉麵: 우육면)'을 파는 식당들도 흔하게 볼 수 있는데, 대만의 뉴러우멘(牛肉麵)은 베트남 쌀국수처럼 맑은 국물이 있는 탕 국수가 아니고 약간 특특하면서도 야채가 들어 있어 개운한 맛이 있고 큼직하게 덩어리진 소고기가 들어 있어 한 끼의 식사로 든든한 탕 국수인데 면발은 집집마다 다르다. 대부분의 식당들은 눈에 보이는 주방에서 위생적으로 푸짐하게 요리를 만들어내고 있어 식욕을 돋우기도 한다.

대만에서는 음력 5월 5일 단오절(端午節)이 되면 찹쌀 등 재료를 댓잎으로 싸서 쪄낸, 대만의 고유한 맛과 향이 배어 있는 '쫑쯔(棕子)'라고 하는 댓잎으로 싼 찰밥을 만들어 먹기도 하고, 사서도 먹는다. 충절 시인 굴원(屈原)을 기리며 먹어왔다고 하는 쫑쯔(棕子)는, 찹쌀에 팥 등을 넣어 만든 달콤한 것도 있고 찹쌀에 고기 등을 넣어 만든 건건한 것도 있는데, 각각 나름대로의 특유의 향과 특유한 맛이 있다. 중추절(仲秋節)이 되면 밀가루를 반죽하여 속에 다양한 재료를 넣어 만든 '웨빙(月餠: 월병)'이라는 특별한 빵(케이크)을 만들어 먹기도 하고, 사서도 먹는다. 크기는 다양하지만 대개 달처럼 둥근 모양을 하고 있는 빵인데, 중추절 저녁에 야외로 나가 가족들이나 연인, 친구들과 함께 상월(賞月: 달맞이)을 하며 먹기도 한다. 팥이나 녹두와 견과류 등을 넣어 만든 달콤한 것도 있고 고기와 새우 등을 넣어 만든 건건한 것도 있는데, 속에 들어 있는 재료들에 따라 각기 다른 독특한 맛이 있다. 웨빙(月餠)은 선물로 주고받기도 하는데, 고급 제품은 가격이 제법 비싼 것도 있다. 대만의 특산물로 파인애플 잼이 들어 있는 '펑리수(鳳梨酥)'라는 빵(케이크)이 있는데, 달콤새콤한 독특한 맛이 있다. 부촌(富村) 대만에서 만든 이러한 전통적인 음식들은, 한번 먹어볼 만한 맛있는 음식들이다.

밤이 되면 타이베이(臺北) 시내 곳곳에서 크고 작은 야시장(夜市場)들이 열린다. 관광객들이 몰리는 규모가 큰 야시장(夜市場)들도 있지만 동네 주민들이 이용하는 소규모의 야시장들도 있다. 그 야시장(夜市場)들에서는 주로 먹을거리들을 판다. 가끔 가족과 함께 타이베이(臺北)의 유명한 도교 사원인 용산사(龍山寺: 룽산쓰) 근처에 있는 야시장(夜市場)을 구경하기도 했었는데, 그곳에 가면 다양한 먹을거리들과 구경거리들이 있었다. 코브라 뱀을 비롯한 살아있는 뱀과 자라, 개구리들을 가두어 보이도록 진열해놓고 코브라 쇼를 보여주기도 하면서 호객하여 음식들을 팔기도 했었는데, 2023년 11월에 방문했을 때는 그런 음식점들의 모습은 거의 사라졌고 옛날과는 다른 모습으로 변해 있었다. 안마와 마사지 영업을 하는 업소들과 손발톱을 관리하는 등 미용을 하는 점포들이 빼곡하게 들어서 있었다. 필자가 타이베이(臺北)에서 유학하고 근무할 때만 해도 용산사(龍山寺) 야시장(夜市場)에 가면 낭만이 넘쳤었다. 사람들이 북적이는 거리를 그냥 걸어만 다녀도 즐거웠었다. 매콤한 '단단면(擔擔麵: 담담면)'을 한 그릇 사 먹어보기도 했었고, 우리나라의 식혜와 흡사한 맛이 나는, 사탕수수 대를 직접 불에 구워서 짜낸 주스를 한 잔씩 사서 마셔보기도 하면서 즐겁게 걸어 다녔었다.

필자가 유학할 때 거주했던 동네 근처에서도 소규모의 야시장(夜市場)이 열리고 있었는데, 한번은 가족과 함께 구경을 나갔다가 수북이 쌓아놓고 팔고 있는 야자(椰子)열매 한 개를 사 가지고 돌아왔다. 당시 필자를 비롯한 필자 가족들도 마셔보지 못했던 '생 코코넛 주스'의 맛을 보기 위해 기대를 걸고, 가족들이 둘러앉은 자리에서 칼로 구멍을 뚫으려 하니 잘 안 뚫려 애를 먹다가 겨우 엉성하게 구멍을 뚫어 컵에 따라 마셔보니 달기는커녕 비릿하여 필자 아이들은 실망했고 그냥 버린 일이 있었다. '아… 코코넛의 맛이 이렇구나!' 하고 그 뒤로는 코코넛은 잊어버렸었다. 그 후 필자가 대만에서 근무를 할 때인 1994년 2월 10일 춘절(春節: 설)에 가족들과 함께 대만의 최남단에 있는 컨딩(墾丁)이라는 곳으로 여행을 간 일이 있었는데, 해안을 따라 산책하던 중 아이들이 더위에 갈증이 난다고 하여 마침 바로 옆 언덕에서 수레에 코코넛을 수북이 쌓아놓고 팔고 있기에, 비릿하고 맛이 없어도 하는 수 없이 한 통을 사서 음료로 마셔보기로 했다. 그전과는 달리 즉석에서 구멍을 뚫어줬다. 그런데 예전의 그 맛이 아니고 아주 달고 맛이 있어, 한 통을 더 사서 마신 적이 있다. 외람된 얘기지만, 달콤한 그 코코넛 주스를 마시고 나서 '고정관념을 가지는 것은 바람직하지 않구나!' 하는 것을 깨닫기도 했다. 그 이후 필자가 상하이(上海)에서 근무할 때, 회의에 참석하기 위해 베트남 남부의 호치민을 방문하여 회의 참석을 마치고 나서 2001년 2월 16일 호치민의 한 골프장에서 동료들과 함께 라운딩을 한 적이 있었는데, 더위에 어찌나 갈증이 났던지 매 그늘집 앞의 탁자 위에 구멍을 뚫어 올려놓은 달콤한 코코넛을 그늘집을 지날 때마다 빠짐없이 한 통씩을 마신 적이 있었다. 날씨가 더운 곳이라서 그런지 그늘집이 많이 있었는데, 무료 서비스여서 미안하기는 했지만 평생 마실 코코넛을 다 마셔버렸다고 농담을 했던 기억이 난다. 2019년 11월 3일부터 7박 8일간 대만을 방문하면서, 대만 친구 부부랑 아내와 함께 2박 3일간 르웨탄(日月潭)을 거쳐 컨딩(墾丁)을 여행한 적이 있었는데, 그때 2019년 11월 7일 '컨딩(墾丁)공원'의 최남단 해안을 들어갔다가 나오면서 입구의 언덕에서 역시 수레 위에 쌓아놓고 팔고 있는 달콤한 코코넛 한 통을 사서 마시며 옛날을 추억해보기도 했다. 코코넛에 대한 이야기가 길어졌는데, 코코넛 말고도 필자가 대만에서 유학하고 근무하면서 길거리에서 수레에 쌓아놓고 파는 과일 등 먹거리들을 사 먹었던 추억들이 더 있다.

필자가 대만에서 유학하고 근무할 때, 대만에는 시장이나 야시장이 아닌 길거리들에서도 신선한 먹을거리들을 팔고 있어 저렴한 비용으로 손쉽게 먹을거리들을 사 먹을 수도 있었다. 길거리에서 대만 오렌지 류딩(柳丁)을 제법 큰 수레에 수북이 쌓아놓고, 한 개씩 반으로 잘라 압축해서 짜내어 파는 즉석 오렌지 주스를 한 컵씩 사서 마시며 갈증을 해소하기도 했었고, 자동차를 몰고 교외로 나들이를 하면서 한적한 도로를 지날 때 도로변에서 수레 위에 화덕을 만들어 놓고 목재로 불을 피워 사탕수수 대를 구워서 즙을 내어 팔고 있어 차를 세우고 따뜻한 사탕수수 주스를 한 컵씩 사서 마셔보기도 했었다. 용산사(龍山寺) 야시장(夜市場)에서 굽는 방식과는 달랐지만, 맛은 비슷했다. 당(唐) 현종(玄宗)이 양귀비(楊貴妃)에 한창 빠져 있었을 때, 양귀비가 기뻐하는 모습을 보기 위해 쾌속의 말을 이용해서 밤낮을 쉬지 않고 달려 장안(長安: 시안)으로 운송해 오도록 했다는, 당시 중국 대륙의 광둥(廣東)과 푸젠(福建) 지방에서 생산되었다고 하는, 하루가 지나면 '변색(變色)'이 되고, 이틀이 지나면 '변향(變香)'이 되고, 사흘이 지나면 '변미(變味)가 된다는, 달콤한 맛이 있는 아열대 지방의 과일인, 양귀비가 신선한 그 과일을 보는 순간 미소를 지었다고 하여 '비자소여지(妃子笑荔枝)'라는 이름이 지어졌다고 하는, 그 리즈(荔枝: 여지)를 대만에서도 생산하여 팔고 있었는데 필자가 유학할 때 아파트 앞 길거리에서 수레에 수북이 쌓아놓고 파는 신선한 리즈(荔枝)를 한 묶음씩 사다가 오톨도톨 아름다운 빛깔이 나는 껍질을 까서 입에 넣어 씨를 발라내며 맛있게 먹어보기도 했었다. 값이 싸기는 했지만 많이 먹으면 코피가 난다고 하여 실컷 먹지는 못했다. 필자가 유학할 때 아침 시간이 되면 매일 같은 시간대에 역시 아파트 앞의 길거리에서 할아버지가 조그만 수레를 끌고 나와 방금 쪄낸 것 같은, 따뜻하며 큰 주먹만 한, 앙꼬가 없는 찐빵인 하얀 만터우(饅頭) 빵을 이불처럼 생긴 하얀 보자기로 덮어놓고 팔고 있었는데, 할아버지의 손맛이 배어 있는 부드러운 그 만터우(饅頭) 빵을 가끔씩 사서 먹기도 했었다.

 필자가 대만에서 유학하고 근무하는 동안 대만인들의 삶 속에 묻어서 대만인들이 먹는 먹을거리들을 야시장(夜市場)이나 길거리들에서 사 먹어보기도 하며 대만인들의 삶 속에 젖어 대만인들을 느끼면서 지냈었는바, 좀 좀스럽기는 하지만 시시콜콜한 이야기들을 곁들여 추억해봤다. 다음 절에서는 필자가 대만에서 생활하면서 필자 나름대로 알게 된 대만인들의 합리적인 생활 문화와 대만의 편리한 시스템들에 대한 이야기를 이어가고자 한다.

9. 대만인들의 생활 문화와 편리한 시스템들의 이야기

대만인들의 합리적인 생활 문화

풍요로운 자연환경에서 살아가는 대만인들은 사회적인 갈등이 없는 상태에서 서로를 존중하며 서로 간섭하지 않고 서로 어울리면서 더불어 살아가고 있다. 대만인들의 그러한 아름다운 삶의 모습은 노사 문화에서도 찾아볼 수가 있다. 필자가 대만에서 생활하면서 필자 나름대로 느낀 대만인들의 합리적인 노사 문화의 한 단면을 살펴보고자 한다. 우리나라는 산업화 과정에서 누적되어 온 노사(勞使) 간의 갈등 문제가 민주화 운동과 더불어서 일시적으로 분출하는 등 큰 혼란과 진통을 겪었지만, 대만도 우리와 비슷한 산업화 과정의 길을 걸었지만 큰 노사 갈등의 문제는 없었다. 당시 필자는 '대만은 앞으로도 노사분규가 잘 일어나지 않을 것'이라는 판단을 했었다. 대만 기업의 오너들은 자기 회사에서 근무하고 있는 직원들에게 '내가 보수를 주고 있으니, 내가 직원들에게 도움을 주고 있다'라고 여기지 않고, '일한 만큼의 보수를 직원들에게 주고 있다'라고 여기고 있다. 직원들은 '내가 일한 만큼의 대가를 받고 일을 한다'라고 여기며 주어진 시간 동안 열심히 일을 한다. 직원들은 자기가 일한 것보다 보수가 적다거나, 오너가 자신을 필요로 하지 않는다거나, 자신이 그 직장이 마음에 들지 않으면 스스로 그 직장을 떠나간다. 그러한 문화가 뿌리 내려져 있으니 노사분규가 잘 일어날 리가 없다. 필자가 대만 근무 시절에 전자제품을 생산하는, 나름대로 규모가 있는 몇 개의 중소기업을 방문한 바 있었다. 그 회사들은 비즈니스 상담실로도 사용하는 접견실은 말끔하게 잘 꾸며놓은 데 비해, 사장실은 아주 허술하고 작은 방이거나 칸막이도 없이 일반 직원들과 함께 근무하고 있는 회사도 있었다. 옷차림도 직원들과 같고, 일반 직원들과 격의 없이 친구처럼 편하게 함께 일을 하기도 한다. 퇴근 시간 이후의 삶의 질은 다를 수 있겠지만, 최소한 회사에서 근무하는 시간 동안은 오너와 일반 직원들이 서로 별로 다름이 없다. 그렇게 오너가 일반 직원과 거리를 두고 있지 않으니, 일반 직원들이 오너에 대해 불만을 가질 이유가 없다. 서로를 인정하고 존중하는 그러한 분위기는 기업뿐만이 아니라 공직 사회나 일반 사회도 마찬가지였는바 갈등 없는 순박한 대만인들의 삶의 모습이 아닌가 하는 생각이 들었었다. 그 이후 지금까지도 대만에서 노사 간 갈등으로 인해 분규가 발생하여 크게 사회적으로 문제를 일으켰던 사건은 거의 없었던 것으로 알고 있다. 심도 있는 전문가적인 분석이나 각도를 달리한 판단을 해보지는 않았지만, 합리적인 대만 기업인들이나 상호 존중을 하는 대만인들의 국민성으로 미루어볼 때 앞으로도 마찬가지일 것이라는 생각이 든다.

다음은 대만인들이 즐겨 타는 오토바이 문화를 들여다보고자 한다. 대만 사람들은 자동차를 가지고 있는 사람들도 출퇴근 시간에는 교통 체증을 피하기 위해 편리한 오토바이를 많이 이용한다. 날씨가 따뜻하거나 더우니 오토바이를 타기에도 안성맞춤이다. 평일에는 이른 아침부터 도심의 모든 주요 도로에는 출근하는 직장인들과 등교하는 학생들의 오토바이 행렬로 가득하다. 큰 도로의 빨강 신호등 앞에는 수십여 대의 오토바이들이, 때로는 그보다도 훨씬 더 많은 오토바이들이 자동차들의 앞이나 옆에서 대열을 이루어 신호를 대기한다. 뒤따라오던 오토바이들도 부릉부릉 소리를 내며 자동차 옆으로 비집고 들어가서 오토바이의 대열에 합류한다. 그렇다고 빵빵거리는 자동차는 하나도 없다. 녹색 신호등으로 바뀌면 오토바이들은 자동차보다 앞서, 먼저 출발을 한다. 출발을 하고 나면 속도가 빠른 자동차에게 양보하면서 달린다. 같이 달리는 자동차들도 오토바이를 보호하면서 오토바이들에게는 늘 양보를 한다. 무질서한 것 같으면서도 질서가 있다. 오토바이전용차선이 있는 곳도 있고, 도시의 어느 곳이나 오토바이를 주차할 수 있는 공간이 마련되어 있어 편리하기 그지없다. 그러니 오토바이의 천국이 아닐 수 없다. 대만에서의 오토바이는 남녀를 막론하고 왕성하게 활동을 하는 젊은이들에게는 발이나 다름이 없다. 우리나라의 문화와는 사뭇 다르다. 필자도 대만에서 유학하는 동안에는 경제적인 여유가 없어 자동차를 살 수도 없었지만, 대만 사람들과 더불어서 오토바이를 이용했었는데 대만 사람들과 더 가깝게 지낼 수 있었으며 시간을 절약하면서 학교로, 국어일보어문중심으로, 중앙도서관으로, 중화경제연구원(中華經濟研究院)으로 아주 편리하게 이동할 수 있었다. 아침 일찍 오토바이를 타고 대만 사람들의 오토바이 대열에 어우러져 부릉부릉 학교를 향해 달리다 보면 자신감이 넘쳐나곤 했었다. 그 오토바이 대열에 끼어 동분서주하며 타이베이(臺北) 도심을 누비고 다니던 그때의 기억은 세월이 흘러도 생생하다. 타이베이(臺北) 시내의 오토바이 대열의 모습은 그 이후로도 변함이 없었고, 2019년 11월이나 2023년 11월 타이베이(臺北)를 방문했을 때도 마찬가지였다. 특히 러시아워에 수많은 오토바이들이 붕붕거리며 대열을 이루어 달리는 활기찬 모습도 그때 그대로였다.

대만의 편리한 시설들과 선진화된 시스템들

 타이베이(臺北) 시내의 중심부를 지나다 보면, 상가들이 밀집되어 있는 빌딩들의 1층에 사람들이 걸어 다니는 회랑(回廊)과 같은 공간들을 볼 수가 있다. 건물을 지을 때 건물주가 보행자들을 위해 내어놓은 공간이다. 물론 그 공간이 있는 건물의 안쪽으로는 대부분 다양한 상점들이 들어서 있다. 대만은 여름이 길고 한여름의 한낮에는 한바탕씩 스콜(Squall)이라는 소나기가 지나가기도 하는데, 길을 지나다가 피할 곳이 없으면 난감한 일이 생길 수도 있을 텐데 이를 헤아려서 그런지 도심의 도로변에 빌딩을 지을 때 1층 바닥에 보도로 이용할 수 있는 일정한 너비의 통로를 만들도록 하여 길을 지나는 일반 시민들이 소나기 등 내리는 비나 강렬한 햇볕을 피할 수 있도록 편의를 제공하고 있다. 회랑과 같은 그 공간을 대만에서는 치러우(騎樓: 기루)라고 하는데, 싱가포르와 홍콩의 시가지나 스위스 베른의 구시가지에서도 본 기억이 난다. 우리나라에서는 거의 볼 수 없는 대만인들의 편의 시설이 아닌가 한다. 필자가 유학 생활을 하면서 거주했던 칭녠궈자이(靑年國宅: 청년국택)아파트 단지 내의 아파트 중 청년공원(靑年公園)과의 사이 도로변에 있는 아파트들의 1층들에도 안쪽으로는 식당들과 각종의 상점들이 들어서 있는, 그 길이가 약 100m 정도 되는 치러우(騎樓)가 있어 편리했었다.

타이베이(臺北)에는 도심과 가까운 위치에 '쑹산(松山)비행장'이라고 하는 공항이 있다. 쑹산(松山)비행장은 일본 점령 시기인 1936년 개항한 이래 운용되어오고 있는 군민공용(軍民共用) 비행장이라고 한다. 그 이후 1979년, 타이베이(臺北) 시내에서 35㎞ 떨어진 타오위안(桃園)현에 새로운 대규모의 공항을 개항하게 되는데, 장제스(蔣介石)의 이름을 따서 '중정(中正)국제비행장'이라고 불러오다가 2006년 9월부터는 '타오위안(桃園)국제비행장'이라는 이름으로 바꾸어 부르는, 그 공항이 생기면서 쑹산(松山)비행장은 1979년 2월부터는 국내선노선만을 운항해왔었다고 한다. 그러다가 양안관계가 개선되면서 2008년 7월부터는 그 쑹산(松山)비행장에서 타이베이(臺北)와 중국 대륙의 각 지역들을 오가는 양안 간의 항공노선도 운항해오고 있다. 2012년 4월부터는 타이베이(臺北)와 김포 간의 정기 항공노선을 운항하고 있고, 2013년부터는 타이베이(臺北)와 일본의 하네다를 오가는 정기 항공노선도 운항하고 있어 쑹산(松山)비행장은 다시금 국제공항으로 변하게 된다. 쑹산(松山)비행장은 김포공항이나 하네다공항보타도 도심에서 더 가까운 위치에 있는 공항으로, 서울의 강남고속버스터미널처럼 이용하기가 편리한 공항이다. 필자가 대만에서 유학할 때, 편리한 그 쑹산(松山)공항을 이용해서 대만 남부에 있는 대만의 제2 도시인 가오슝(高雄)을 방문한 적이 있었는데, 대만의 지형과 관련이 있는 그때의 일화 하나를 소개하고 넘어가고자 한다.

1992년 7월 10일에 있었던 일인데, 마침 종강을 한 이후라서 시간적인 여유가 생겨 대만의 남부 지역에 있는 '가오슝(高雄)자유무역지역'의 고찰을 위해 본국에서 출장 나온 동료들을 안내하기로 하고, 동료 2명과 함께 쑹산(松山)비행장으로 나가 줄을 서서 오후 1시에 출발하는 가오슝(高雄)행 항공권을 구입하여 2층으로 올라가서 고속버스에 승차하듯 비행기에 탑승을 했다. 당시만 해도 타이베이(臺北)에서 가오슝(高雄)으로 가는 항공편이 가장 많았었는데, 2007년부터는 타이베이(臺北)에서 가오슝(高雄)을 오가는 여객항공기는 없어졌다고 한다. 왜냐니까 더 편리한 대만고속철도(THSR)가 2007년 3월부터 개통되면서 가오슝(高雄)으로 가는 항공기 이용객이 줄어들어 타산이 맞지 않았기 때문이라고 한다. 당시 필자 일행이 탑승한 항공기는 좌우로 각각 2명씩 앉을 수 있는 소형으로 100여 명 정도 탑승했었는데, 비행기가 이륙하여 정상궤도에 진입하자 필자가 앉아 있는 오른쪽 창을 통해 멀리 서쪽으로 바다가 내려다보였다. 그런데 왼쪽 좌석 건너의 창을 통해서도 동쪽으로 태평양 바다가 보이기도 하여, 대만이 작지 않은 섬인데 의외라는 생각이 들기도 했었다. 맑은 날씨에 높은 고도라서 그러겠구나 하며 눈을 붙이고 얼마쯤 지나가는데, 갑자기 비행기가 푹 꺼지는 듯 수직으로 급강하를 한다. 마치 공중에 떠서 툭 떨어지는 느낌이었다. 순식간에 기내는 공포에 질린 탑승객들이 지르는 비명으로 가득했다. '아 이렇게 떠나가는구나!'

했었다. 그런데 천만다행히도 비행기는 떨어지다 말고 그대로 나는바 안도했고, 기내는 다시 평온해졌다. 비행기가 심하게 흔들리는 것은 여러 번 당해봤었지만 푹 꺼지는 것은 처음 당해봤었는데, 공중에 떠 있는 난기류인 에어포켓(Air Pocket)을 만난 것이라고 한다. 아무런 예고도 없이 갑자기 나타난 현상이다. 그러한 현상을 '청천난기류(Clear Air Turbulence)'라고 한다는데, 흔히 있는 현상이라고 한다. 항공기 승무원들은 '청천벽력(靑天霹靂: 마른하늘의 날벼락)'이라고 한다는데, 요즘은 장비가 개발되어 미리 감지하여 경고한다고 한다. 높은 산맥이 있는 곳에서 발생하는 경우가 있다고 하는데, 타이베이(臺北)에서 가오슝(高雄)으로 가는 항로에 해발 4,000m가 다 되는 산들이 솟아 있는 위산(玉山)산맥과 중앙(中央)산맥 등의 산맥들이 뻗어 있으니 그럴 수도 있겠구나 하는 생각이 든다. 비행기가 난기류로 추락되는 경우는 거의 없다지만 기내에서 발생되는 사고를 막아내기 위해서는 다소 불편하더라도 좌석벨트 사인 등(燈)이 꺼져 있어도 좌석벨트를 매는 것이 좋을 것 같다는 생각을 해본다. '청천난기류' 얘기는 그만하고, 대만의 선진화된 시스템들을 잠시 들여다보고 넘어가고자 한다.

 필자가 유학하고 있었을 때인 1989년도에도 이미 실시하고 있었던, 대만의 버스전용차로 제도와 고속도로 통행료 면제 제도 등을 소개하고자 한다. 타이베이(臺北) 시내에도 서울의 종로와 을지로처럼 동서로 나란히 길게 뻗어 도심(都心)을 관통하는 광폭의 간선(幹線)도로가 있는데, 가로수들뿐만 아니라 도로 한가운데에 수림이 우거져 있어 공원과도 같은 '런아이로(仁愛路)'라고 하는 도로는 자동차들을 동(東)에서 서(西)의 방향으로만 주행하도록 하고, 1989년 당시에는 싱싱하게 짙푸른 아름드리 인도고무나무들이 가로수로 우거져 늘어서 있어 아름다운 풍치를 이루고 있었던 '신이로(信義路)'라고 하는 도로는 자동차들을 서(西)에서 동(東)의 방향으로만 지나가도록 하는 일방통행 제도를 당시 이래 시행하고 있다. 그래서 그런지는 모르겠는데, 필자가 관찰할 때마다 러시아워에도 차량 소통이 원활한 편이었다. 그런데 그들 일방통행 도로에 역주행을 할 수 있는 한 개씩의 버스전용차선을 만들어 노선버스가 다닐 수 있도록 하여, 대중교통을 이용하는 일반 시민들과 등하교를 하는 학생들에게 편의를 제공해주고 있다. 대만은 필자가 근무하고 있을 때인 1992년에도 이미 춘절(春節: 설)과 중추절(仲秋節: 추석) 명절에 고속도로 통행료를 면제해주어 귀성객들에게 편의를 제공해주고 있었는데, 그 이후 긴 연휴 기간 동안에도 고속도로의 통행료를 면제해주기도 하고, 정체를 해소시키기 위해 시간대별로 차등을 두어 할인해주는 제도를 실시해오고 있다고 한다. 대만은 2013년부터는 대만전역의 모든 고속도로에서 모든 차량을 대상으로 자동 통행료 징수 시스템인 'ETC(Electronic Toll Collection) 제도'를 전면적으로 실시하고 있어, 대만의 모든 고속도로와 고속도로의 진출입로에는 눈에 잘 보이지 않는 전자장치만 있을 뿐, 통행료 징수를 위해 설치했던 구조물들이 모두 없어져 소통이 원활해졌을 뿐만 아니라 안전해졌고, 미관상으로도 아름다워졌다. ETC 시스템은 EU 국가들도 시행하고 있는 편리한 제도다. 우리나라도 하루속히 전면적으로 도입해야 할 제도가 아닌가 하는 생각이 든다.

10.
대만인들의 종교와 풍습 이야기

대만인들의 신앙

　대만인들의 신앙은 다양하다. 다양한 종교가 혼재되어 있으면서도 배타적이지 않으면서 서로를 인정하고 존중하는바 종교로 인한 갈등은 없다. 대만인들 대부분은 신앙을 가지고 있는데, 대만인들이 가지고 있는 신앙 중 거의 대부분은 토속신앙이 차지한다. 그 토속신앙은 유교와 불교, 도교가 혼합되어 있는 형태의 종교인 것 같으면서도, 그 어느 쪽에도 속해 있지 않은 대만 고유의 전통적인 토속 종교다. 그 토속 종교를 대만에서는 '빠이빠이(拜拜)'라고 한다. 숭배하는 신에게 향을 피우며 절을 하고 제사를 지내는 행위를 '빠이빠이(拜拜)'라고 하는데, 여기서 유래된 이름이다. 그 빠이빠이 토속 종교는 대부분의 대만인들이 가지고 있는 생활 종교로, 대만인들의 일상과 밀착되어 있는 대만인들 삶의 일부분이다. 대만인들 대부분의 가정에는 집의 한 칸이나 거실 등의 벽면에 공간을 만들어놓고 신과 조상을 모시고 있다. 필자가 살던 아파트의 거실 벽면에도 신을 모시는 벽장같이 생긴 공간이 있었지만, 우리가 사는 동안은 그냥 비워두고 있었다.

 대만인들의 전통 종교인 빠이빠이 토속신앙이 뿌리 깊게 이어져 내려오고 있는 것은 대만의 자연환경과 연관이 있을 것이라는 생각이 든다. 대만은 태풍의 길목에 위치해 있어 하절기가 되면 태풍으로 인한 강풍과 홍수, 침수 등의 피해가 끊임없이 발생한다. 또한 대만은 환태평양지진대에 위치해 있어 지진이 자주 발생하여 큰 피해를 입기도 하는데, 이러한 자연재해의 발생은 태곳적부터 있었을 것인바 대만인들의 조상들은 언제 발생할지 모르는 자연의 재해에 대한 두려움이 있었을 것이다. 하지만 인간의 힘으로는 자연의 재앙을 막아내는 데 한계가 있다는 것을 깨닫게 되었을 것이며, 자연의 위험으로부터 자신들을 안전하게 지켜줄 수 있는 힘은 오로지 신(神)에게만 있다고 믿으면서 신을 의지하며 살아왔을 것으로 본다. 장구한 세월을 이어 살아오면서 신에게 의지하고 신을 숭배하며, 늘 신에게 기도하고 절을 하며, 날을 정해 신에게 제사를 지내왔을 것인바 그렇게 해서 태생되어 이어져 내려온 것이 바로 대만의 빠이빠이 토속신앙이 아닌가 한다.

대만에는 주민들이 거주하는 지역이나 상가가 밀집되어 있는 곳의 인근에, 우리의 옛날 서낭당과 비슷하게 신을 모시는 사원(寺院)들이 있다. 그 사원들에서 매월 음력 보름과 그믐날이 되면 향을 피우며 음식을 차려놓고 제사를 지낸다. 매년 음력 7월 보름은 '중원절(中元節)'이라고 하여, 대만의 전 지역 사원들에서 규모가 큰 제사를 지내기도 한다. 필자가 대만에서 지내는 동안 사원들에서 신을 모시고 행진하는 광경을 자주 볼 수 있었는데, 그 행렬은 마치 대규모로 거행하는 축제장의 모습과도 같았다. 형형색색의 장식을 한 기(旗)를 들거나 거인의 모습 등 기이한 형상을 하고 있는 모형들을 뒤집어쓴 사람들이 걷거나 무개차량을 타고 요란한 고유 음악을 연주하는 악대들과 함께 긴 행렬을 이루며, 모시고 가는 신을 앞서거나 뒤따르면서 시가지 도로의 일부를 점유하고 지나가는 모습들이 보이곤 했었다. 그 행렬에 참여하여 깃발이나 물건들을 들고 따라가는 사람들 중에는 장애인들이 많이 보였었는데, 사원들이 그 장애인들을 보호하고 보살피고 있는 것이 아닌가 하는 생각이 들었다. 대만의 빠이빠이 토속 종교 신도들은 사원에 주기적으로 금품을 기부한다고 한다. 특히 돈이 많은 부자 신도들은 큰돈도 아끼지 않고 사원에 기부하는 문화가 형성되어 있다고 하는데, 그 사원들이 모은 돈은 직간접적으로 사회에 환원하기 마련일지니 재정적으로 여유가 있는 그 토속 종교의 사원들이 제물(祭物)을 구입하는 등 제사를 준비하면서 끊임

없이 많은 돈을 소비하고 있어 생산을 유발시켜 대만 경제를 성장시키는 데도 기여해왔을 것이고 장애인 등 사회적 약자들의 생계를 도와오기도 했을 것인바, 대만의 토속 종교인 빠이빠이 종교야말로 대만인들의 소득을 중대시키는 경제적 기능과 소득을 재분배시키는 사회적 기능을 톡톡히 하고 있지 않나 하는 생각이 들기도 했었다.

앞에서도 언급했듯이 대만에는 다양한 종교가 존재하고 있지만, 대만인들 대부분이 가지고 있는 빠이빠이 토속신앙은 어느 종교와도 소통하고 포용하며 잘 조화를 이루어나가고 있다고 보는데, 그 일면을 살펴보기로 한다. 대만 유학 시절 필자가 살던 아파트의 옆 세대에 노부부가 살고 있었는데, 대만 생활에 익숙하지 않은 우리 가족에게 많은 도움을 주셨다. 대만에서 대대로 대를 이어 살아오신 분들로, 할아버지께서는 필자가 집에 있을 때 가끔씩 필자의 집에 오셔서 차를 함께 마시며 말씀을 나누기도 했고, 자신의 집에서 쫑쯔(粽子)나 웨빙(月餠), 물만두 등 특별한 음식을 만들면 꼭 가지고 오시는바 고맙기보다도 늘 미안했다. 할머니께서는 필자의 아내에게 쫑쯔(粽子) 등 대만 음식을 만드는 방법을 알려주시기도 했다. 대만의 모든 아파트는 내진(耐震)설계로 지어져 있는데, 단지를 이루고 있는 아파트들은 동간 서로 엮어져 'ㄷ자형'이나 'ㅁ자형'으로 지어져 있다. 필자가 살던 아파트도 동간 서로 엮어져 있는, 한 층에 4세대씩 사는 15층짜리 아파트였는데 처음에는 10층의 코너에 위치해 있는 세대에 살고 있었다. 그런데 몇 달이 지날 때쯤 옆집 할아버지가 필자한테 찾아오셔서 같은 층 안쪽 위치의 세대에서 살고 있는 집주인이 사정이 생겨 곧 이사를 한다고 하시며, 필자에게 그 집으로 이사하는 것이 좋을 것 같다고 권유해주신다. 당시 대만은 전세는 없이 월세밖에 없었고, 집을 두 채 가지고 있는 사람들도 대개는 세를 내놓지 않고 한 채를 그냥 비워두고 지내거나 비워둔 상태에서 집을 팔기 때문에 당시 셋집을 구하기가 어려웠는데 좋은 셋집을 구할 수 있게 해주신 것이다. 내부 시설도 비교적 좋고 아늑한 그 집으로 이사해서, 필자 가족이 2년여 동안 편안하게 지낼 수 있었는바 옆집 젠쭈후이(簡祖輝) 할아버지에게 늘 고맙게 생각하고 있다. 서설이 좀 길어졌는데, 옆집 할아버지는 빠이빠이 토속신앙을 가지고 있었는바 집 안의 거실에서 잘 보이는 벽장에 신을 모시고 있었다. 그런데 그 할머니는 기독교 신앙을 가지고 있어 교회에 다니셨고, 거의 늘 함께 생활하고 있는 결혼한 딸도 교회에 다녔지만 가족이 행복하게 지내는 모습을 보아왔는바, 한 단면이기는 하지만 대만의 빠이빠이 토속신앙이 타 종교의 신앙을 포용하고 있다는 생각을 했었다. 절대 권력을 가진 장제스(蔣介石) 총통 부부와 그의 아들 장징궈(蔣經國) 총통은 기독교 신앙을 가지고 있었지만, 빠이빠이 토속신앙을 인정하고 빠이빠이 토속신앙을 가지고 있는 대만인들을 포용하면서 빠이빠이 토속신앙을 가지고 있는 대만인들과 애환을 함께했다고 하는바, 대만인들의 빠이빠이 토속신앙이 깊숙하게 뿌리를 내릴 수 있지 않았나 하며, 대만인들이 종교적인 갈등 없이 종교 간 서로를 인정하고 존중하는 바람직한 좋은 전통을 이어가도록 하는 데도 기여를 하지 않았나 한다.

대만인들의 혼례(婚禮)

 대만 사람들은 기본적으로 먹거리가 풍부한 풍요로운 자연환경에서 살아온 사람들이라서 비록 어렵게 사는 사람들일지라도 배곯을 일이 없었을지니, 잘 사는 사람들에게 별로 관심을 가질 필요도 없었을 것이다. 많이 가지고 있는 사람의 입장에서는 자기에게 관심을 가지고 있는 사람도 별로 없고 자기의 도움을 필요로 하는 사람도 별로 없을진대, 으스대고 거만을 부리거나 과시하고 자랑할 일도 별로 없었을 것이다. 많이 가진 사람들이 과시를 하거나 자랑을 잘 하지 않으니 덜 가지고 있는 사람들이 불쾌할 일이 없고, 많이 가진 다른 사람과 자신을 비교할 일도 없어 주변의 가까운 사람들끼리 시기할 일이 별로 없었을 것이니, 사촌이 논을 사도 배가 아플 일이 없는 사람들이 아닌가 한다. 남이 자신에게 별로 관심이 없으니 자신이 가지고 있는 돈으로 자신의 실정에 맞추어 돈을 쓰는 것에 대해서도 남을 의식하거나 눈치를 볼 필요가 없었을 것이며, 또한 자신이 남에게 관심을 두고 있지 않으니 남이 돈을 어떻게 쓰든 신경을 쓸 일도 없었을 것이다. 그렇게 대만 사람들은 돈을 벌거나 쓰는 것에 대해 주변 사람들을 별로 의식하지 않는 사람들인 것 같았다. 남보다 더 잘살기 위해서거나 보란 듯이 남에게 보여주기 위해서 돈을 벌고 쓰는 것이 아니라, 자신이 잘살고 자신이 필요할 때 돈을 쓰기 위해서 열심히 일을 해서 돈을 벌고 저축을 하는 사람들이라는 생각이 들었다.

 대만 사람들의 일상 속에서는 돈이 많이 있는 사람인지 돈이 별로 많지 않은 사람인지를 구별하기가 어렵다. 물론 돈이 많은 사람들은 좋은 집에서 살면서 고급 차를 타고 다니고, 좋은 음식을 먹고, 좋은 옷을 입고 다니는 등 개인적으로는 수준 높은 생활을 할 수도 있을 것이다. 그러나 대부분의 돈 많은 사람들도 검소하여 그 차림새가 소탈한바 그 티가 잘 나지 않으며 티를 내지도 않을 뿐만 아니라, 서로를 존중하고 자기의 주변 사람들과 두루두루 잘 어울리며 아주 편안하게 살아간다. 한마디로 대만 사람들은 돈에 여유가 있는 사람들이 일부러 없어 보이려고 한다거나 돈에 여유가 없는 사람들이 일부러 있어 보이려고도 하지 않는, 가식이 없는 소박한 사람들이다. 그런데 그렇게 검소하고 소박한 사람들이지만, 자식들을 결혼시키거나 부모님이 돌아가셔서 장례를 치를 때는 자신들이 할 수 있는 능력에 따라 돈을 아낌없이 사용한다는 느낌을 받았었다. 평소 열심히 돈을 벌고 저축을 하는 목표에 인륜지대사인 자녀들의 결혼을 호화롭게 시키고, 부모님이나 자신의 장례를 성대하게 치르려는 것의 비중도 상당히 차지하고 있을 것 같다는 생각이 들기도 했었다. 혼례의 핵심인 호화로운 결혼 잔치의 모습이나 성대하게 치르는 장례의 장면은 당시 길거리에서도 흔하게 볼 수 있었다.

우리도 과거에 여유가 있는 사람들은 혼례나 장례를 호화롭게 치르는 전통적인 풍습이 있었지만, 위화감을 조성하거나 과소비를 부추기는 등의 사회적인 문제로 부각되면서 정부가 나서서 제도적으로 개선시켰는바 과거의 호화로운 혼례나 장례의 전통은 사라졌고, 그 이후 소득수준이 높아지면서 일부 호화로움이 존재하는 변형된 모습으로 정착되어오다가 '코로나바이러스감염증-19' 발생 이후 더욱 간소화되어 발전된 모습으로 변화하는 조짐을 보이고 있는데, 대만도 시대의 상황에 따라 변화되어가고는 있겠지만 필자가 대만에 있었을 때 보고 느낀 이야기를 이어가고자 한다.

대만의 결혼식도 언뜻 보기에는 우리와 비슷해 보였지만 그 질이나 형식 면에서는 차이가 있었다. 한 쌍의 짝이 만나 행복하게 살아갈 보금자리를 마련하고 나서, 양가의 친인척과 이웃을 초청하여 인사를 드리고 정성껏 준비한 푸짐한 한 끼의 식사를 대접하는 것이 대만의 일반적인 결혼식이고 결혼 잔치다. 결혼 잔치에 앞서 가정에서 가족들끼리 행사하는 전통적인 의식이나 종교적인 의식 등은 별도로 진행하기도 한다는 얘기를 들었었다. 결혼 잔치는 점심이나 저녁 시간을 정해서 하는데, 마당이 넓은 자택이 있는 경우에는 그 마당에서도 하고, 마당이 없거나 좁은 경우는 자택 부근의 도로나 공터에 간이 막을 치고도 한다. 도심에서는 회관이나 식당, 호텔 등 옥내 시설의 공간에서 형편과 취향에 따라 정해서 치르기도 하지만, 시골에서는 가정의 마당이나 공터에서 치르기도 한다. 장소가 어디든지 결혼 잔치는 먼저 신랑 신부가 행사장 입구에 서서 초대되어 들어오는 손님들을 맞이하며 축하 인사를 받으면서부터 시작된다. 우리의 신부가 보이지 않는 모습과는 좀 다르다. 신랑 신부는 손님을 맞이하는 인사가 끝나면 하객들의 축복을 받으며 신랑 신부가 함께 행사 장소로 입장을 하면서 식사가 시작되는데, 식사 도중에 신랑 신부가 술잔을 들고 모든 식탁을 돌며 인사하면서 건배를 제의한다. 식사 도중에 축하 공연을 하는 경우도 있지만 조용하게 진행하기도 한다. 축하 공연은 악단의 연주와 가수의 노래, 무예단의 무용 등 준비한 바에 따라 흥겹게 진행한다. 초청을 하는 사람과 초청을 받는 사람이 가까운 친지 사이인바 결혼식장은 조금도 어색함이 없는 훈훈한 축복의 장이다. 행사가 다 끝나면 신랑 신부는 출구에서 떠나는 손님들에게 인사를 하는 것으로 결혼 잔치는 대개 마무리가 된다. 물론 가정에 따라서 나름대로의 특별한 전통의 방식으로 진행할 수도 있을 것이고 시대의 흐름에 따라 진화된 다양한 방식으로 진행할 수도 있을 것이라고 보는데, 다만 초대한 손님들에게 음식을 대접하는 것은 빼놓을 수 없는 결혼 잔치의 주요 부분인바 이에 대해 필자가 보고 느낀 바를 좀 더 소개하고자 한다.

대만은 전통적으로 어느 가정을 막론하고 정성을 다하여 나름대로의 산해진미(山海珍味)의 음식을 준비하여 손님들을 접대하며 호화로운 결혼 잔치를 하는 풍습이 있다. 한마디로 결혼 잔치에서 나오는 음식은 어느 가정을 막론하고 나름대로 온 정성을 들여서 준비하는바 그 질의 높낮이를 비교하거나 평가할 여지가 없다. 물론 돈이 많은 사람들은 더 많은 돈을 들여 값진 재료로 음식을 만들어 대접하겠지만, 그 음식들도 대만인들의 호화로운 결혼 잔치의 맛있는 음식 중 하나일 뿐이다. 필자가 결혼 잔치에 참석해서 먹어본 음식들은 일반 음식점에서 먹을 수 있는 그런 음식들과는 다르다는 것을 느꼈다. 결혼 잔치를 하는 집 마당에서 먹어본 음식도 그렇고, 호텔에서 하는 결혼 잔치에서 먹어본 음식도 중국 식당에서 시켜서 먹거나 코스로 나오는 일반적인 요리들과는 다른 음식들이었다. 음식의 맛과 음식을 배분하는 방식이 옥외에서 하는 것과 비슷한 것으로 보아 호텔에서도 같은 방식으로 음식을 조리하는 것이 아닌가 하는 생각을 했다. 결혼 잔치의 음식들은 거의 모두 비슷하면서도 독특하게 맛이 있었다. 옥외에서 결혼 잔치를 할 때는 요리를 익히는 장면이 눈으로 보이기도 한다. 과일이나 견과류와 주류를 포함한 음료수를 제외한 모든 음식은 증기로 쪄서 익혀내는데, 국물이 있는 탕(湯)도 증기로 쪄서 끓여낸다.

필자가 대만에서 유학할 때, 대만 중부 지방에 위치한 장화(彰化: 창화)현의 한적한 시골 마을에 사는 같은 반 남학생이 자기 집 마당에서 결혼 잔치를 하면서 초청하여 참석한 적이 있었는데, 그때 잔치 음식을 익히고 식탁에 올리는 모습을 비교적 자세히 여유롭게 볼 수가 있었다. 주말의 점심시간에 결혼 잔치를 했는데, 집의 입구에서 신랑 신부의 영접을 받으면서 축하 인사를 하고 나서 식탁 의자에 앉기 전에 서성이면서 음식을 익히는 장면을 볼 수가 있었다. 나름대로의 식단의 순서에 따라 익고 있을 음식들이 들어 있는, 직경이 1m 정도 되고 높이는 약 20㎝ 정도 되며 손잡이가 있는 하얀 양은으로 된 원통의 찜통들을 큰 가마솥 위에 차곡차곡 올려 쌓아놓고 가마솥을 가열하여 발생된 증기로 음식들을 익히고 있었다. 그 많은 음식 재료들을 어떻게 만들어 언제부터 가열을 시작했는지는 알 수 없었지만 김이 모락모락 나고 있었다. 하객들의 입장이 거의 마무리되면서 안내받은 테이블에 앉으니, 잠시 후 한 개의 찜통을 꺼내어 익은 음식을 큰 접시에 나누어 각 테이블에 분배하기 시작한다. 산해진미의 음식들이 익어 있는 찜통들을 순서대로 약간씩의 간격을 두고 한 개씩 꺼내어, 서너 명이 한 조가 되어 부산스러우면서도 일사불란하게 바로바로 식탁에 분배를 하는데, 독특하게 맛있는 푸짐한 음식들을 동석했던 분들의 친절한 권유에 의해 맛있게 배불리 먹을 수가 있었다. 신랑 신부는 식사 중간에 인사를 하고 건배 제의를 하면서 식탁을 돌아다닌다. 맛있는 여러 음식들 중 기억에 남아 있는 음식은, 어떤 부재료들을 넣어서 쪄냈는지는 알 수 없었지만 먹음직스러운 고동색으로 변하여 특유의 향이 있는, 입안에서 살살 녹으면서도 담백하고 구수한 맛이 있었던, 증기로 막 쪄내서 뜨끈뜨끈했던 통돼지 살코기 요리다. 통돼지 살코기 요리는 필자가 참석했던 결혼 잔치마다에서 빠짐없이 나오는 요리기는 했지만, 지금도 그때 그 맛을 떠올리면 입안에서 침이 돌아 넘어간다. 밥은 우리의 약밥과 비슷했는데, 찹쌀에 견과류 등 여러 재료들을 섞어 넣어 쪄서 꺼내자마자 뜨거운 상태에서 바로 분배를 하니 부드럽고도 독특한 향과 고소한 맛이 있었다. 결혼 잔치 음식의 주인공과도 같은 탕(湯)도 한 테이블에 한 개씩 올릴 수 있는 크기의 미니 항아리들을 찜통 속에 넣어서 끓여내어 분배를 하는데, 필자에게 넘겨준 국자로 떠먹으면서도 항아리 속에 무슨 재료들이 들어 있는지 알 수는 없었지만, 진하면서도 담백하고 개운한 맛이 나는 보약과도 같은 탕이었다. 탕 속에 건전복이나 건해삼, 자연산 서양 인삼 같은 귀한 재료들을 넣으면 많은 비용이 들어간다고 하니 대접을 하는 입장에서는 탕 속에 무엇을 넣어야 할지를 경제적인 사정을 고려해서 정하겠지만, 대접을 받는 사람의 입장에서는 탕 속에 무엇이 들어 있든 정성이 듬뿍 들어 있는 맛있는 탕일지니, 그 재료가 무엇이든 없는 상관(相關)이 아닌가 한다.

당시 결혼 잔치를 한 곳은 대만 중부 지방의 장화(彰化)현에 있는 한적한 시골 마을의 농가였는데, 입 구(口) 자 형태의 비교적 큰 전통가옥인 사합원(四合院)이었다. 가옥의 중앙 한 칸은 사당(祠堂)으로 조상의 위패가 모셔져 있었고, 가옥으로 둘러싸여 있는 꽤 넓은 마당에서 결혼 잔치를 했는데, 그 마당에 접이식 간이 원탁 테이블 30여 개가 펼쳐져 있었고, 한 테이블에 6명씩 앉았었으니 200여 명 정도의 손님들이 참석하지 않았나 한다. 당시 같은 반 학우들 중 몇 사람만 참석했었는데, 필자는 외국 학생이라고 특별히 초청했던 것 같았다. 신랑 신부의 양가 부모와 친지들 등 가까이 지내는 사람들이 한자리에 모여 화기애애한 분위기 속에서 정성껏 준비한 맛있는 음식을 함께 먹으며 진심 어린 축복을 하는, 명실상부한 호화로운 축제의 한마당이라는 생각이 들었었다.

대만인들의 장례(葬禮)

　대부분의 대만 사람들은 신앙을 가지고 있어 내세관이 뚜렷하다고 보는데, 필자가 대만 생활을 하면서 알게 되고, 보고 느낀 대만 사람들의 장례에 대한 이야기를 이어가고자 한다. 대만 사람들은 가족이 돌아가신 뒤 보통은 보름에서 한 달 정도의 사이에서, 빠르면 일주일 정도 지나서 날을 잡아 장례식을 치른다. 장례 기간이 긴 것은, 살아 있는 가족들의 아픈 상처를 줄이고 고인을 영원히 떠나보내기가 너무 가슴이 아프고 아쉬워 쉽게 떠나보내지 못하는 애달픈 마음에서 우러나와 생긴 관습이라고 한다. 전통적으로는 돌아가신 시신을 깨끗이 씻어 방부 처리를 하여 집안에 잘 모셔두고, 그 가족들은 일상생활을 하면서 장례를 준비한다. 방부 처리는 보통은 전문가의 손을 빌어 한다고 하는데, 고급 방부 처리를 하는 데는 상당한 비용이 든다고 한다. 요즈음은 전용 냉동고가 있어 이를 임차하여 사용하기도 하고, 장례식장의 냉동 안치소를 이용하기도 한다고 한다. 날짜가 잡히면 장례식을 치르게 되는데, 장례식을 치르는 장소는 장례식장을 이용하는 경우와 주택가의 공터나 주택가의 도로에 간이 막을 치고 진행하는 경우도 있었다. 대만에는 병원 내의 장례식장은 없었고, 사설로 운영하는 장례식장도 보지 못했으며, 화장장 시설과 다양한 장례식장을 갖추고 있는 대형 공설장례식장들이 있었다. 대만에서는 그 장례식장들을 '빈의관(殯儀館)'이라고 하는데, 타이베이시에는 2개소가 있었다. 장례식은 날짜를 정해서 치르니 그 준비에 여유가 있다.

앞에서도 언급을 했지만, 대만 사람들은 장례식을 호화롭고 성대하게 치르는 풍습이 있다. 대만 사람들이 호화롭고 성대하게 장례를 치르는 것은, 살아 있는 가족들의 슬픔을 잊게 하면서 고인의 마지막 가는 길을 널리 알려 고인을 명예롭게 하고, 고인이 호화로운 곳으로 편안하게 떠나가도록 하려는 염원이 담긴 간절한 표현이라고 한다. 장례식의 광경은 주로 주택가의 공터나 주택가의 도로변에서 진행을 할 때 흔히 볼 수가 있었는데, 장례식 날짜가 정해지면 보통은 하루나 이틀 전에 거주지 인근의 공터나 도로변에 간이 막을 치고, 시신을 옮겨 빈소를 차리고 조문객의 조문을 받으며 예를 올리기 시작한다. 조문객들에게는 음식과 차를 대접한다. 조문은 영정 앞에서 서 있는 자세로 3번 고개를 숙여 예를 갖춘다. 간헐적으로 곡을 하는 소리가 들리기도 하는데, 음반을 이용하는 경우도 있지만 전문인을 초빙해서 육성으로 하는 경우도 있다. 빈소 앞에서 가끔 한바탕씩 요란한 소리가 나는 폭죽을 터트리기도 하고, 무예들이 춤을 추기도 하고, 무사들이 칼춤을 추기도 하는데 그때마다 구경꾼들이 모여든다. 그 절정은 장례식 전날 밤에 이루어진다. 많은 구경꾼들이 모인 가운데, 전문 밴드단의 연주와 가수들의 노래가 이어지며, 무예들이 선정적인 춤을 추기도 한다. 장례식 당일에 예식을 마치고 장지로 떠나는 장례 행렬은 대단한 장관이다. 많은 구경꾼들이 모여 있는 가운데, 요란한 밴드단의 연주와 무사들의 칼춤이나 무예들의 선정적인 춤과 형형색색의 각종 장식들이 따르는 긴 장례 행렬의 행진이 이어진다. 고인이 안치된 관을 모시고 가족들이 함께 탄 대형 운구 차량은 차량 전체가 아름다운 생화로 장식되어 있다. 호화로운 관은 그 재질(材質)에 따라 상상을 초월하는 값이 나가는 것들도 있다고 한다. 장례 행렬은 한동안 걸어서 행진을 하다가 뒤따르던 무개차들에 올라타 속도를 내고 떠나간다. 물론 대만 사람들 모두가 다 그렇게 장례를 치르는 것은 아니지만, 그런 일련의 장례식과 장례 행렬의 모습을 타이베이(臺北) 도심을 벗어난 주택가에서 흔히 볼 수 있었는데 슬픈 축제의 광경이라는 생각을 했었다. 대만의 전통적인 장례 모습을 보면서, 많은 구경꾼들이 모인 가운데 성대하고 호화롭게 치러왔던 우리의 과거 전통적인 장례 모습과 공통점이 있다는 생각이 들어, 잊혀가고 있는 과거 우리의 전통 장례 풍습의 사례를 들여다보면서 개선 방안을 생각해보고 넘어가고자 한다.

  우리도 과거 보통의 가정에서는 슬픔 속에서도 성대하고 호화롭게 장례를 치르는 관습이 있었다. 필자가 알고 있거나 경험했던, 잊혀가는 우리의 과거 전통 장례의 한 모습을 더듬어보고자 한다. 연세가 든 어른이 있는 집안에서는 어른이 돌아가신 후 치를 장례에 대비해 선산에 미리 가묘(假墓)를 만들어놓고, 집 안의 헛청 시렁에는 관을 만드는 데 쓰일 질이 좋은 목재를 준비해서 올려놓고 있었으며, 미리 수의(壽衣)를 만들어 장롱 속에 보관해 둔다. 어른이 돌아가시면 동네 사람들은 초상을 치르는 2박 3일간은 일손을 놓고 초상집에 모여 제(祭)를 올릴 음식과 조문객을 맞을 음식을 준비하고 상복(喪服)을 만들고 꽃상여를 만드는 등 일사불란하게 상갓집 일을 돕는다. 꽃상여를 만들 형편이 안 되는 집안에서는 동네 밖에 지어놓은 상여 집에 보관되어 있는 공용의 호화로운 목재 상여를 가져다가 조립하여 이용하기도 한다. 상인(喪人)들은 문상객들을 맞이하면서 매끼 제를 올리며 곡을 하는 등 수시로 슬픈 감정을 표시하면서도 빈틈없는 장례 준비에 슬플 겨를이 없을 정도로 분주하다. 음식을 풍부하게 계속해서 차려내는바 잔치나 다름이 없다. 출상 전날 밤에는 모여 있는 많은 사람들이 먹을 수 있는 팥죽 등 음식을 차려놓고 다 만들어진 빈 상여를 메고 상여 놀이를 한다. 야밤에 울려 퍼지는, 심금을 울리는 구슬픈 그 상여 소리야말로 슬픈 축제의 한마당이 아닌가 한다. 다음 날 발인제를 마치고 나면 관에 안치되어 있는 고인은 호화로운 상여를 타고 선도가 흔드는 딸랑! 딸랑! 방울 소리에 맞춰 내는, 슬픈 감정이 북받치는 구령 소리에 따라 이어지는 상여꾼들의 우렁찬 후렴, "어… 이! 어… 이! 어… 허… 이! 어… 해!" 소리를 들으면서 마당을 한 바퀴 돌며 마지막 인사를 하고, 상여

뒤를 따르지 못하는 아녀자들의 통곡 소리를 뿌리치며 집 밖으로 나서서 고향 산천에 작별을 고하면서, 명정(銘旌)과 형형색색의 만장의 행렬을 앞세우고 상인(喪人)들과 조문객들이 뒤따르는 가운데 중간에서 노제를 받고 나서 많은 구경꾼들을 뒤로하면서 정든 고향 산천을 떠나간다. 필자가 어렸을 때 돌아가신 필자의 할아버지도 그렇게 장례를 치렀다. 20세기 중후반기 들어서면서부터는 우리의 그와 같은 과거의 번거로운 전통 장례 관습은 거의 사라지고, 제도화되어 개선되면서 도시화되는 등 생활환경이 바뀌어가고 있는 가운데 간소화된 모습으로 정착되었지만, 고금을 막론하고 사람은 누구나 가족들에게 슬픔을 남기고 허망하게 세상을 떠나가기 마련일진대, 간소화된 이후의 우리 장례의 모습은 그 슬픔을 머금고 주로 조문을 받는 일에 치중하여 위안을 얻으면서 바쁘지 않았나 한다. 마지막 떠나는 고인의 입장에서는 너무 초라하고 쓸쓸하지 않았을까 하는 생각이 든다. 그런데 '코로나바이러스감염증-19' 발생 이후로는 일반 조문객들의 직접 조문을 받지 않고 가족과 친지들 위주로 장례를 치르는 모습으로의 변화 조짐을 보이고 있어 여유로움이 생기게 될지니, 그 머금은 슬픔을 슬기롭게 소화시켜내야 하는 지혜가 필요하게 되었다. 물론 '코로나바이러스감염증-19' 발생 이전부터도 고인을 위로하는 나름대로의 행사를 진행해온 가정들도 있었을 것이라고 본다. 신앙을 가지고 있는 가정에서는 기도도 하고 찬송가를 부르기도 하면서 슬픔을 이겨내기도 하지만 그래도 부족할 수도 있을지니, 가족들의 슬픔을 조금이나마 억제시키면서 고인의 마지막 떠나는 길을 품위 있고, 명예롭고, 호화롭게 만들어주는 행사들을 만들어 슬픈 축제로 승화시켜나가면 어떨까 하는 생각을 해본다. 그 슬픈 축제는 선진국에 들어선 우리의 수준에 걸맞아야 할 것이며, 번거롭고 힘든 과거 전통으로의 회귀가 아닌 개선된 제도에 따르면서, 지금의 장례 비용보다 부담이 더 많아진다거나 위화감을 조성한다거나 주변에 불편을 끼친다거나 하지 않는 범위 내에서 매 가정의 형편에 맞추어 생전 고인의 사회적인 직위나 취향 등을 고려하여 선택할 수 있는 다양한 것들이어야 한다고 본다. 예를 들면 시 낭송이나 전통춤, 가창(歌唱), 악기 연주, 전문인들에 의한 장엄한 운구 행진 등 다양한 방안들이 있을 수 있을 것이다. 수요가 늘어난다면 그 프로그램들이 개발되면서 각급의 전문 예술인들에 의한 공급이 생길 것으로 본다. 단순하여 슬픈 축제에는 미치지도 못했을 뿐더러, 좀 엉뚱스러울 수도 있는 사소한 일례를 소개하고자 한다. 노환이 있으셨던 필자의 빙모께서, '코로나바이러스감염증-19'가 창궐할 때 세 번째 백신 접종 이후 혈소판감소 증세 등의 합병증이 생겨 입원과 퇴원을 반복하시던 중 더 이상 치료되지 않으면서 2021년 9월 24일 오전 8시경 96세를 일기로 세상을 떠나셨는데, 수원 광교 인근의 대학병원 장례식장에 빈소를 마련하여 장례 준비, 식음료 제공 등은 상조

회사와 장례식장에 맡기고 생전에 권사(勸士) 예우를 받으며 다니셨던 교회 목사님의 도움을 받으면서 일반 문상객들의 조문은 받지 않고 가족들과 가까운 친인척들만이 모여 장례를 치렀다. 목사님이 주재하시는 종교 행사의 진행 말고는, 가족끼리 삼삼오오 모여 앉아 슬프고도 우울한 시간을 보내야 했다. 다음 날도 가족들은 슬픔 속에서 입관을 마치고 나서 마찬가지로 슬프고도 우울한 시간을 보내게 되었는데, 문득 필자가 생각해왔던 슬픈 축제가 떠올라 그에 미치지는 못할지언정 고인과 가족들을 위해 필자가 할 수 있는 아코디언 몇 곡을 선곡하여 연주하는 방안이 떠올라 아내와 상의하고 가족들의 호응을 얻으며 임기응변으로 실천에 옮겼었다. 마침 지하 1층 안치실을 비롯하여 지상 3층으로 되어 있는 장례식장의 2층 안쪽으로 아파트 한 세대처럼 빈소가 위치해 있어, 비교적 안정적이고 조용해서 아코디언을 연주하기에 무방할 것으로 판단되었다. 저녁 식사를 마치고 나서 가족들과 친지들이 절정을 이루며 모여 있는 시간에 아코디언을 메고 빈소의 한쪽에 정중히 앉아서 장모님의 영정을 바라보면서 깊은 애도의 마음으로 '고향의 봄'부터 시작하여 '아 목동아'에 이어 '어메이징 그레이스'와 '올드 랭 사인'의 순으로 연주하며 고인의 명복을 빌고, 조금이나마 가족들을 위로했다. 하나 더 첨언하면, 가족들의 슬픔을 억누르며 진행된 입관 절차가 거의 마무리되면서 마지막으로 꽃 장식을 하고 관 뚜껑을 덮기 직전에 교편을 잡고 있던 어머니 대신 자신을 키워주신 외할머니께, 이미 엄마가 된 마음씨 착한 고인(故人)의 한 외손녀가 떨리는 가냘픈 손으로 사랑의 고별 편지를 외할머니 곁에 넣어드리며 감사 인사를 전하는 눈물겨운 모습을 보여주기도 했는데, 본인만이 알고 있을 자신이 쓴 그 사랑의 편지를 외할머니의 관속에 넣어드리기 전에 읽어 내려갔더라면 얼마나 더 아름다웠을까 하는 아쉬움이 있었다. 발전시켜나갈 수 있는 슬픈 축제의 한 토막이 아니었는가 한다. 엉뚱스러운 애기가 길어졌는데, 다시 대만 얘기로 돌아가서 마무리하고자 한다.

대만 사람들이 혼례를 호화롭게 올리고, 장례를 성대하게 치르고, 토속신앙 빠이빠이(拜拜) 제사를 풍성하게 지내온 것은 풍요로움 속에서 나온 대만인들의 전통적인 풍습이었을지니, 그로 인해 위화감이 조성된다거나 사회적인 갈등을 불러일으킬 일도 없었을 것이며, 소비를 촉진시켜 대만 경제를 발전시키는 데도 도움이 되었을 것이고, 대만인들의 자존심을 살려 대만 사회를 안정적으로 유지시키는 데도 도움이 되었을 것이니, 과거의 국민당 정부가 이를 제도적으로 막을 일이 없었을 것이다. 그런데 과거에는 대만인들이 혼례나 장례, 종교 의식(儀式) 등을 치르면서 발생하는 다소의 불편함은 용인하고 감수해왔었지만 대만이 민주화되고 국민들의 의식 수준이 높아지면서 민원(民願)이 발생하기 시작했다고 하니, 대만 정부로서도 어쩔 수 없이 주민들의 불편을 최소화시키기 위해 통행을 방해하거나 지나친 소음을 발생시키는 등의 행위에 대해서는 규제를 실시해오고 있다고 하는데, 그런저런 연유로 대만도 근래 들어서는 옥외에서 치르는 혼례나 장례는 줄어들고 있고, 대대적으로 진행해왔던 옥외의 종교 의식도 점점 간소화되어가는 추세에 있다고는 한다.

대만의 춘절(春節)과 단오절(端午節) 풍속(風俗)

대만에서도 중국 대륙에서처럼 중국 전통의 '황력(黃曆)'에 의해 전래된 '농민력(農民曆: 음력)'을 사용해오면서 지내왔던 새해맞이의 풍속(風俗)인 '춘절(春節)'이라고 하는 음력(陰曆) 설 명절을 쇤다. 대만의 농력(農歷: 농민력) 1월 1일 춘절(春節)은 조상(祖上)들에게 제사를 지내고 어른들에게 세배(歲拜)를 하는 우리나라의 전통 음력 설 명절 풍습이나 대동소이(大同小異)한 큰 전통 명절이다. 대만은 전통적으로 춘절(春節) 전날인 섣달그믐날이 되면 타지방에 나가 있던 가족들도 돌아와 온 가족이 집 안에 모여 음식을 만들어 먹으면서 새해를 맞이하는 풍습이 있다. 대만에서는 이를 '단원(團

圓)'이라고 하는데, 대만 사람들이 단원(團圓)을 하면서 새해를 맞이하는 대만의 춘절(春節) 풍속을 소개하고자 한다. 필자가 유학할 때 거주했던 아파트 단지의 남쪽으로는 '청년공원(靑年公園)'이 자리 잡고 있었지만 북쪽으로는 단독주택들이 들어서 있는, 시골 같은 정취를 느끼게 하고 라일락꽃 향기가 나는 골목들도 있는 한적한 동네들이 들어서 있었다. 블록을 이루고 있는 그 동네들의 골목들을 지나다니면서, 혼례인 결혼 잔치를 하거나 장례를 치르는 모습들을 보기도 했었다. 필자가 거주하는 아파트 10층의 베란다에서 그 단독주택들이 들어서 있는 동네들이 한눈으로 내려다보였는데, 매번 음력 섣달그믐날 밤(除夕)이 되면 그 단독주택들에서 대만의 춘절(春節) 풍속인 '폭죽(爆竹) 터트리기'를 하는바, 필자가 그 아파트에 거주하는 동안 3번의 춘절을 보내면서 그 광경을 내려다볼 수가 있었다. 동네의 집집마다에서 대문 앞에 몇 꾸러미씩의 폭죽을 걸어놓거나 마당 바닥에 깔아놓고 특히 자정(子正)이 되면 경쟁이라도 하듯 불을 붙이는데, 동시다발적으로 터지는 폭죽 소리야말로 참으로 대단하다. 한참 동안은 귀가 멍하고 화약 냄새가 진동을 한다. 동네가 떠내려갈 것 같은 엄청난 소리를 내며 동네가 하얀 연기로 자욱이 덮이는데, 악귀를 쫓아내고 새해를 맞이하기 위해서라고 한다. 춘절(春節)의 분위기는 그로부터 보름 뒤인 정월대보름날까지 이어지는데, '원소절(元宵節)'이라고 하는 정월대보름날 밤이 되면 대만의 각 지역들에서 '등절(燈節)축제'를 벌인다. 당시 타이베이(臺北) 시내 중심가인 중정기념당(中正紀念堂)의 긴 담벼락 밑에서도, 인도(人道)를 따라 기관, 단체, 기업들이 만든 부스들마다에 각종의 크고 작은 예술적인 장식(裝飾)을 한, 호화로운 '화등(花燈)'들을 진열해놓고 관람객들을 맞이했는데, 필자도 아이들을 데리고 나가서 발 디딜 틈 없이 몰려 있는 대만인들과 어울러 대만의 전통 '등절(燈節)축제'의 모습을 구경하면서 대만의 춘절(春節) 명절을 느끼며 즐긴 적이 있었다. 대만인들의 춘절(春節) 풍속 하나를 더 소개하면, 대만인들은 춘절(春節)이 돌아오면 춘절(春節) 전에 미리 날을 잡아서 지난 한 해 동안 도와준 고마운 사람들을 초청한다. 주로 윗사람이 아랫사람들을 초청하여 정성껏 식사 대접을 하는 전통적인 미풍양속(美風良俗)이 있다. 우리의 송년회와 비슷한 회식 모임이지만 성격은 좀 다르다.

　대만 사람들이 쇠는 전통 명절 중에는 춘절(春節)이나 중추절(仲秋節) 말고도 조상의 묘지를 찾아가서 성묘를 하는 청명절(淸明節)과 애국 시인 '굴원(屈原)'을 기리며 지내는 '단오절(端午節)' 명절이 있다. 대만에서의 음력 5월 5일 단오절(端午節)은 필자가 유학할 때도 이미 공휴일로 지정되어 있었던 큰 명절이었다. 당시 매년 단오절(端午節)이 되면, 필자가 거주하던 청년공원(靑年公園) 부근에서 우렁찬 함성을 들을 수 있었다. 대만 각지에서 '용주(龍舟) 경기'를 벌이는데, 타이베이(臺北)의 남쪽에서 흘러들어 와 타이베이(臺北)의 서쪽을 휘감으며 '단수이허(淡水河)강'으로 합류하는 '신뎬시(新店溪)강'의 청년공원(靑年公園) 부근 '중정교(中正橋)' 아래에서도 용주(龍舟)경기를 벌이고 있었기 때문이다. 1992년 6월 5일 단오절에는 직접 구경하기도 했었다. 용(龍)의 모양을 하고, 알록달록하게 장식들을 한, 각 보트마다에 소형은 12명, 대형은 21명의 선수들이 타고 고수(鼓手)의 북소리에 맞춰 노를 저어 목표 지점에 도달하는, 단결심을 불러일으키는 대규모의 경주 대회인 '용주(龍舟)경기'를 벌이는데, 각급 경기별로 상당한 상금들이 걸려 있어 대대적인 응원전을 벌이면서 치열(熾烈)한 경기를 펼친다. 대만에서는 그 이후로도 계속해서 매년 단오절(端午節)마다 대만의 각 지역들에서 용주(龍舟)경기를 벌여오고 있다고 하는데, 타이베이(臺北)에서는 대규모의 국제경기를 개최한다고 한다. 단오절(端午節)이 되면 용주(龍舟)경기를 벌일 뿐만 아니라, 대만의 각 가정들에서는 댓잎에 찹쌀 등 다양한 재료들을 넣어 삼각형으로 싸서 묶어 쪄낸, 쫑쯔(粽子)라고 하는 찰밥을 만들어 먹는 풍속(風俗)이 있는데 단오절(端午節)의 대표적인 그 두 풍속(風俗)이 애국 시인 굴원(屈原)을 기리면서 이어져 내려왔다고 하니, 잠시 그 유래를 들여다보고 넘어가고자 한다.

굴원(屈原)은 전국(戰國)시대의 왕족으로 학식이 풍부하였는바 초(楚)나라 회왕(懷王)의 신임을 받아 '삼려대부(三閭大夫)'라고 하는 대신(大臣)으로 등용되어 외교 등의 업무를 맡기도 하면서 법령을 정비하는 개혁을 추진했다고 하는데, 개혁을 추진하는 과정에서 귀족들의 저항에 부딪히고 당시 세력을 확장하고 있던 진(秦)나라와의 화친(和親)을 맺는 것을 반대하는 주장을 펴다가 실각(失脚)을 당하면서 유배(流配)되어 조정(朝廷)을 원망하는 시(詩)를 짓기 시작했다고 한다. 굴원(屈原)은 회왕(懷王)에 의해 재등용이 되지만, 굴원(屈原)의 반대를 무릅쓰고 진(秦)나라의 꾐에 속아 진(秦)나라에 들어갔다가 붙잡힌 회왕(懷王)의 뒤를 이어 보위에 오른 경양왕(頃襄王) 주변 귀족들의 모함으로 굴원(屈原)은 또다시 파직(罷職)을 당하고 유배(流配)되어 혼탁한 세상을 한탄하며 16년간이나 유배지를 떠돌아다니면서 「이소(離騷)」, 「천문(天問)」 등 우국충정이 배어 있는 많은 시를 지어 읊고 지내다가 기원전 278년 진(秦)나라의 공격에 의해 경양왕(頃襄王)이 곤경에 처해 수도(首都) 영도(郢都)를 도피했다는 소식을 접하고 절망하여 비통한 심정으로 음력 5월 5일 동정호(洞庭湖)의 동남쪽 방향에서 상강(湘江: 샹쟝)으로 합류하는 멱라수(汨羅水)강에 투신했다고 한다. 소문을 들은 백성들은 물에 빠진 애국 시인 굴원(屈原)을 구하기 위해 앞다투어 배를 몰고 갔고, 굴원(屈原)의 시신을 물고기들로부터 보호하기 위해 물고기들의 먹이로 각자 끼니로 가지고 있던 쫑쯔(粽子)와 죽통(竹筒)에 쌀을 넣어 강물에 던졌다고 한다. 굴원(屈原)의 시신은 며칠 후 물고기들에 의해 두부(頭部)의 일부분이 손상된 상태로 인양되었다고 하는데, 그 이후 매년 단오절(端午節)이 되면 애국 시인 굴원

(屈原)을 기리면서 용주(龍舟)경기를 하고, 쫑쯔(粽子)를 만들어 먹는 풍속(風俗)이 이어져 내려오고 있다고 한다. 굴원(屈原)이 세상을 떠나기 전에도 호수나 강이 있는 지역들에서는 마을 간 용주(龍舟)경기를 벌여왔었고, 중국의 각 지역에서 쫑쯔(粽子)도 만들어 먹었다고 하는데 굴원(屈原)이 멱라수(汨羅水)강에 투신한 이후부터는 용주(龍舟)경기가 굴원(屈原)을 기리는 단오절(端午節)의 경기로 승화(昇華)되었다고 하며, 단오절에 굴원(屈原)을 기리면서 쫑쯔(粽子)를 만들어 먹는 습속(習俗)이 생겼다고 한다.

11.
대만 유학 시절의 이야기

 필자가 대만 교육제도의 틀 속에서 대만 유학을 할 수 있었고, 대만으로의 유학을 계기로 하여 대만과의 인연을 맺을 수 있었으며, 중국과도 인연을 맺을 수 있게 되어 졸저『운흘의 대만 이야기』와『운흘의 중국 이야기』를 저술할 수 있게 되었는 바, 필자가 대만 유학 당시의 대만 교육제도를 대충 들여다보고, 하찮을 수도 있지만, 필자가 학교에 입학하면서부터 졸업하기까지의 대만 유학 시절 이야기를 이어가고자 한다.

대만의 교육제도

대만은 가을학기(9월 신학기)제를 운용하면서, 우리와 동일한 초등학교 6년, 중학교 3년, 고등학교 3년, 대학교 4년을 기본으로 하는 학제를 두고 있고 대학원은 '연구소(研究所)'라는 이름으로 각 대학교의 학과에 따라 석사반과 박사반의 교육과정을 두고 있다. 대만은 일본 통치 시기부터 6년 의무교육을 실시해왔고, 장제스(蔣介石) 통치 시기인 1968년부터 9년 무상 의무교육을 전면적으로 실시해왔다. 우리나라는 1985년 도서 벽지부터 중학교 의무교육을 실시하기 시작하여 1992년에는 읍면 지역으로 확대하였고, 2004년부터 전국적으로 9년 의무교육을 실시해오고 있는 데 비해 대만은 우리보다도 30년 이상이나 앞서 9년 무상 의무교육을 실시해온 것이다.

대만 정부는 1973년부터 외국인들이 대만으로 들어와 유학할 수 있도록 하는 '외국학생래화유학판법(外國學生來華留學辦法)'이라는 규정을 두고, 대만 내의 각급 학교들이 국내 학생 정원의 5분의 1 범위 내에서 외국 학생을 모집할 수 있도록 허용하고 있으면서 각급 학교 자체적으로 전형 절차를 만들어서 외국 학생을 선발하도록 하고 있다. 대만의 각급 학교들은 자체적으로 만든 학칙에 따라 내국 학생들과 함께 동일한 과정의 수업을 이수하도록 하고, 내국 학생들과 동일한 기준을 적용하여 졸업할 수 있도록 해오고 있다.

　필자가 유학할 당시 대만의 고등학교와 대학교는 유상교육을 실시하고 있었지만, 대학원(연구소)은 무상으로 교육을 실시하고 있었다. 그럼에도 불구하고 대만 정부는 대학원생들에게 각종의 장학금을 지원해주고 있었고, 다른 대학들도 마찬가지였겠지만 국립정치대학(國立政治大學)의 경우 학교 내에 우수한 시설의 기숙사를 두고 지방에서 올라온 대학원생들에게 숙식을 제공해주고 있었다. 외국 학생들에게도 실비로 기숙사를 이용할 수 있도록 허용해주었었다. 대만 정부가 당시 대학원생들을 적극 지원해 주고 있었던 것은 나라 발전의 근간이 되는 우수한 인재들을 양성하기 위한 교육 확충 정책의 일환이었을 것으로는 짐작되는데, 한창 일하면서 돈을 벌 나이에 공부를 하니 그 보상 차원도 있지 않았나 하고, 한편으로는 장제스(蔣介石) 총통 시절 대만의 젊은이들을 엄하게 통제를 하면서도 열심히 공부하는 성실한 젊은이들에게 무상으로 대학원을 다닐 수 있도록 지원해주는 것 외에도 장학금으로 외국 유학을 할 수 있는 길을 열어주는 등의 혜택을 주었다고 하는데, 이는 젊은이들이 정치권력에 도전하는 것을 막아내기 위해 시행한 일련의 유화 정책이 아니었나 한다. 대학원생들에게만 특별한 혜택을 주는 것은 다른 각도에서 보면 불평등일 수도 있을진대, 당시 대만 사회에서 표출되고 있는 어떠한 불만의 표시도 감지하지 못했다. 오히려 정부의 지원을 받는 대학원생들이 학부생 이하의 대만 학생들에게는 선망의 대상이었다. 선망의 대상이었던 만큼이나 당시 필자 주변의 대학원생들은 공부를 열심히 하는 분위기였으며, 학칙이 엄격하여 열심히 공부하지 않으면 졸업하기도 어려웠다. 대만 정부가 추진해온 교육에 대한 투자 확충 정책은 대만 국민들의 생활수준을 높이는 데 크게 기여했을 뿐만 아니라 대만 경제를 안정적으로 성장시키는데도 원동력이 된 것으로 평가되고 있다. 그 이후 민진당(民進黨)정부가 들어서면서부터는 제도가 변경되어 대학원생들에게도 학부생들과 동일하게 학비를 부담하도록 하고 있다고 한다. 대만이 민주화되면서 교육제도에도 변화가 있었던 것 같다.

  필자가 유학할 당시 외국 학생들에게도 거의 동일한 대우를 해줬었는바, 필자도 아주 적은 소액의 비용으로 대학원에 다닐 수 있었으니 필자로 인한 우리 정부의 비용 부담을 조금이나마 줄일 수 있었다. 그 덕분에 학교 수업이 비어 있는 시간과 방학을 이용해서, 유학을 마칠 때까지 '국어일보어문중심(國語日報語文中心)'에서 중국어 공부를 계속할 수 있었다. 당시 학원비는 그리 많지는 않았지만 우리 정부(총무처)가 그 비용 부담을 승인해줬는바 필자는 감사한 마음으로 국어일보어문중심(國語日報語文中心)에 열심히 다녔다.

대만 유학 시절의 학교 입학 이야기

　필자가 중국어권역으로의 유학을 준비할 당시에는 우리와 중국이 수교가 되지 않은 시기로, 중국어권역으로의 유학을 선택할 수 있는 나라는 홍콩이나 싱가포르도 있었지만 대부분은 우리의 우방국인 중화민국(中華民國: 대만)을 유학 대상 지역으로 정하여 유학을 떠났다. 필자로서도 홍콩에 대해 관심을 가져보기는 했었지만 대만을 선택한 것은 당연했고 자연스러운 결정이었다. 유학을 떠나는 사람 누구나 마찬가지겠지만, 필자도 부푼 꿈을 안고 설레는 마음으로 1990년 봄 대만으로의 유학길에 올랐다. 한편으로는 낯선 이국땅에서 어떻게 정착할 것인가 하는 걱정이 앞서기도 했지만, 다행히 함께 떠나온, 필자와 같은 부처 소속의 동료 사무관과 감사원 소속의 부감사관인 유학 동기생과 서로 상의하며 같이 행동할 수가 있어서 유학 초기에 수월하게 안착할 수 있었다. 출국 전 등록 허가를 받아 온 '국어일보어문중심(國語日報語文中心)'에서 중국어 공부를 시작하면서, 주변에 '한교(韓僑)학교'가 있는 청년공원(靑年公園) 인근에 각자 거주할 수 있는 아파트도 임차했는바 어느 정도는 안정이 되어가고는 있었지만, 학교에 입학해야 하는 일이 남아 있으니 긴장을 늦출 겨를이 없었다. 대만(臺灣)은 학제가 가을학기로 9월에 입학하게 되는바, 남은 몇 개월간은 중국어 공부를 하면서 입학하고자하는 대학의 입학 전형 규정에 따라 입학 지원 절차를 진행해야 했다. 필자로서는 당시 산업통상과 관련한 부처인 상공부에서 근무하고 있었고 학부에서 무역학을 전공했는바, 필자가 선택할 수 있는 학교는 '국립정치대학(國立政治大學) 국제무역연구소(國際貿易硏究所) 석사반(碩士班)' 외에는 별다른 대안이 없었다. 당시 정부(총무처)에 보고한 유학 계획도 그렇게 해서 제출했는바 인사 명령도 '대만국립정치대학교 국제무역연구소 파견근무를 명함'으로 발령이 났었다. 따라서 당초 목표대로 대만국립정치대학 국제무역연구소 석사반에 입학을 신청하는 길 밖에는 없었다. 당시 국립정치대학의 경우 소정의 서류를 갖춰 교무처(敎務處)에 입학원서를 접수하면, 해당 연구소로 이첩되어 연구소장(硏究所長: 대학원장)의 면접과 심층 서류 심사 과정을 거쳐 입학 허가 여부가 결정되는데, 해당 연구소의 심사에 통과되고 나서도 학교에서 시행하는 '중국어문능력측험(中國語文能力測驗: 중국어문능력시험)'에 합격해야만 등록할 수 있도록 규정되어 있었다.

국립정치대학(國立政治大學)의 소정 양식대로 '입학신청표(入學申請表: 입학지원서)'를 작성하여 '구학계획서(求學計劃書: 연구계획서)', 출국 전 미리 공중하여 준비해 온 학부 졸업증명서와 성적증명서, 추천서 등의 자료들을 구비하여 교무처(敎務處)에 정식으로 접수하고 나서 국제무역연구소(國際貿易硏究所)를 찾아가 연구소장을 면담했는데, 필자가 제출한 자료들을 넘겨가며 살펴보고 난 후 추후에 연락을 주시겠다고 하면서 다른 한 분의 교수님을 소개하며 찾아가서 면담하라고 한다. 그 교수님은 전(前)연구소장이었던 원로 교수로, 엄격한 분이셨다. 여러 질문을 하시면서 현지 학생들도 공부하기 어려운 연구소라고 하며, 언어도 서툴고 현지 학생들에 비해 나이도 많은 편인데 따라갈 수 있겠느냐고 하시는데 '열심히 노력하겠다. 잘 지도해주시기 바란다'라는 말 외에는 할 말이 없었다. 연구소에서 어떤 결정을 할지 불안하기는 했지만, 진인사대천명(盡人事待天命)의 자세로 기다리는 수밖에는 필자가 할 수 있는 것은 아무것도 없었다. 노심초사하며 기다리던 중, 1990년 7월 4일 교무처(敎務處)로부터 '소정의 절차에 의한 심사에 통과됐다. 축하하고, 환영한다. 1990년 9월 3일 중국어문능력측험(中國語文能力測驗)에 응시하라'라는 요지의 통지서를 받았다. 한 고비는 넘겼으니 마음이 한결 가벼워지기는 했지만, 정식으로 입학하려면 한 고비를 더 넘겨야 한다. 시험 일자까지는 약 2개월의 시간이 남아 있었는데 최선을 다해 준비하는 길밖에는 없었다. 두 달간 그야말로 힘든 시간을 보냈다. 드디어 시험 일자가 다가왔다. 시험지를 받아 들고 정신없이 문제를 풀어나가는데, 갈수록 점점 어려워져 다 풀지도 못한 상태에서 시간이 지나가고 말았다. 필자가 그 간 공부해온 예년의 출제 경향과는 다른 방식의 시험문제들이었는데, 실력이 부족함을 실감했다. 아니나

다를까 며칠 후 발표가 났는데 통과되지 못했다. 천만다행히도 통과하지 못한 응시생들에게 재시험의 기회를 주었는데, 두 번째 시험에서 합격할 수 있었다. 이러한 과정을 거쳐서 입학할 수 있게 된 것이다.

대만 유학 시절의 학교생활 이야기

 학교 규칙에 의한 등록 절차를 마무리하고, 학교 차원의 행사뿐만 아니라 연구소 차원의 소집 활동에도 참석해서 주변의 도움을 받으며 수강 신청을 마쳤는바 수업이 시작되었다. 어색하기도 하고 긴장되기도 했지만, 그렇게 감성에 젖어 머물러 있을 틈이 없었다. 첫 번째 출석하여 받은 수업은 국제무역연구소 신입생 전원이 수강해야 하는 필수과목인 '국제경제학(國際經濟學)'이라는 과목이다. 입학 전형 과정에서 면담했던 바로 그 저우이쿠이(周宜魁) 원로 교수님의 과목이다. 강의 시작에 앞서 인사말을 하시면서, 학생들에게 필자와 또 한사람의 한국 학생을 소개하시니 학생들은 박수로 환영해주었다. 그리고 자신의 저서인 교재를 소개하고 한 학기의 강의계획을 설명하면서, 향후 수업 방식은 교수의 강의와 병행하여 출석부의 순서대로 몇 명씩을 지정하여 각자에게 연구할 과제를 부여하고 그다음 수업 시간에 자료를 준비하여 발표하도록 하는 방식으로 수업을 진행한다는 것이다. 다음 시간부터 그다음 시간에 발표할 학생들을 지정하여 각자에게 발표할 과제를 부여하겠다고 한다. 숨을 죽이고 있는 필자를 향해서 "선밍처(申明澈: 신명철) 학생은, 한 번은 면제해주겠다" 하고, 또 다른 한국 학생에게는 대만 '건국고등학교(建國高中)'와 한국 '서울대학교 경제학과'를 졸업했다고 하며 "다른 학생들과 똑같이 하겠다" 하니, 학생들이 "와아!" 하고 한바탕 웃는 바람에 분위기가 잠시 전환되기도 했다. 필자에게는 한 번 건너뛰겠다고 하니 그나마 다행이었지만 긴장되기는 마찬가지였다. 첫 강의이니 좀 일찍 끝내겠지 하는 생각은 착각이었다. 첫 수업이었지만 100분 강의 시간을 다 채우고 강의를 마쳤다. 이렇게 해서 긴장된 첫 번째 수업을 마치고, 어색한 표정으로 학생들과 함께 강의실을 빠져나왔다.

당시 정치대학(政治大學) 국제무역연구소(國際貿易硏究所) 석사반에는 26명의 대만 학생과 필자를 포함한 2명의 한국 학생이 입학했다. 대만 학생의 절반인 13명이 여학생이었고, 군대를 제대한 남학생이 2명 있었다. 학부를 마치고 바로 들어온 학생들의 나이는 25~26세였고, 군대를 제대한 학생 2명은 28~29세 정도였다.

다른 한국 학생도 당시 25~26세였다. 당시 필자의 나이가 38살이나 되었으니 처신하기가 조심스러웠고, 한편으로는 미안하기도 했다. 그러한 환경 속에서 필자가 걸어갈 수 있는 길은 단정한 차림으로 지각이나 결석하지 않고, 학교의 행사나 학생들의 모임에도 빠짐없이 참석하면서 매사에 최선을 다하는 길밖에는 없다고 생각했었다. 당연한 일이었지만, 학생들이나 교수님들에게 필자가 해야 할 최소한의 예의(禮儀)라고 여기고 그렇게 하려고 노력하면서, 정해진 순서대로 발표하는 과목의 경우 나름대로 충실하게 자료를 준비하여 배포하고, 서툴지만 또박또박 발표했고, 리포트도 정성껏 작성해서 제때에 제출하면서 학교생활을 이어갔다. 필자에게 입학할 수 있도록 심사하여 통과시켜주신 린보성(林栢生) 연구소장님은 학기가 시작되면서 미국으로 연수를 떠났고, 신임 왕이위(汪義育) 연구소장님이 부임하시면서 필자와의 새로운 인연이 시작되었다. 왕이위(汪義育) 연구소장님은 필자가 졸업할 때까지 필자를 보살펴주신, 필자에게는 잊을 수 없는 고마운 분이다.

학생들이 교수님을 부를 때는 "라오스(老師: 선생님)!"라고 불렀다. 교수님이나 학생들은 대개 필자에게 편하게 "선통쉐(申同學: 신 학우)!"라고 부르거나, 자기네들처럼 그냥 "선밍처(申明澈: 신명철)!"라고 이름을 부르기도 했다. 일부 학생은 "다거(大哥: 형님)!"라고 불렀고, 그냥 친하게 "거거(哥哥: 형)!"라고 부르는 사람도 있었다. 필자는 학생들을 부를 때 자연스럽게 이름을 불렀다. 다른 한국 학생은 필자를 부를 때 그냥 우리말로 "선생님!"이라고 불렀다. 다른 한국 학생은 말수도 적고 얌전한 모범생이었는데, 연령대도 현지 학생들과 같았고, 중국어 실력도 대만 학생들이나 거의 비슷하여 대만 학생들과 다름없었다. 첫 수업을 시작한 지 2주일쯤 지나서 수강 신청 변경을 시작할 때쯤 필자를 적극 도와주는 친구가 생겨났다. 앞에서 언급한, 군대를 제대하고 입학한 그 두 친구다. 그 둘은 이미 서로 가까운 사이였고, 그 두 친구가 친절하게 필자를 도와주니 필자로서는 든든했다. 좋은 친구들을 얻었으니 큰 행운이었다. 그중 한 친구는 대만대학(臺灣大學) 경영학과 학부를 졸업했는데, 학업을 마치고 나서 '대만경제부(臺灣經濟部) 국제무역국(國際貿易局)'에서 근무했다. 또 한 사람은 정치대학 무역학과 학부를 졸업했는데, 학업을 마치고 나서 대만의 남단(南端)에 위치해 있는, 지금은 '국립핑둥대학(國立屏東大學)'인 '핑둥상업전과학교(屏東商業專科學校)' 교수로 근무했다. 그 두 친구들은 4학기 동안 내내 필자와 함께 3명이 같은 과목을 수강하거나 최소한 둘 중 한 사람은 필자와 같은 과목을 수강하면서 학교에서 머무는 동안은 대개 같이 지냈다. 한 강의가 끝나고 다른 강의실로 이동할 때 함께 걸으며, 받은 수업, 받을 수업과 관련한 얘기를 나누기도 했고 교수님들의 성향에 대해서도 잘 알려주었다. 수강 신청을 할 때나 리포트를 준비하는 데도 도움을 주었다. 그 친구들과는 점심 식사도 자주 함께하며 얘기를 나눴다. 식사 비용은 아주 저렴했지만, 특별한 경우가 아니면 나누어서 각자 지불했다. 필자가 계산을 하려고 해도 막아버린다. "내가 한 번 사고, 네가 한 번 사고" 하는 법도 없었다. 그것이 당시 그곳 학생들의 문화였다. 특별한 경우란 생일이나 개인적으로 좋은 일이 생겼을 때, 예를 들면 좀 많은 장학금을 받았을 때 초청을 하는 경우인데, 그때는 초청하는 사람이 식사 비용을 부담한다. 이를 대만에서는 '칭커(請客: 손님을 초대하다)'라고 한다. 필자도 그 친구들을 포함한 학우들을 몇 명씩 집으로 칭커(請客)하여 함께 식사하기도 했었다.

 1학년 첫 학기에는 잘 들리지 않는 데 대한 스트레스를 받아야 했다. 일부 과목은 제시해준 제목의 과제에 대한 자료를 준비하여 발표도 해야 했고, 기말시험도 치러야 하니 고생이 이만저만이 아녔다. 1학년 제2학기에는 어느 정도 적응도 되었고, 좀 익숙해져 덜 힘들었다. 하지만 종강 이후 약 2달간의 여름방학이 시작되었지만 졸업의 관건(關鍵)인 '졸업자격 학과시험(學科考試)'을 준비하느라 바쁘게 지내야 했다. 졸업자격 학과시험 과목에 대한 보충수업도 실시했는바 참여하면서, 졸업자격 학과시험 준비를 위해 대만 총통부(總統府) 건물 주변에 있는, 1996년부터는 '국가도서관(國家圖書館)'으로 명칭이 변경된, 당시 '국립중앙도서관(國立中央圖書館)' 내의 '연구실(研究小間)' 사용 신청을 해서 1991년 7

월 2일부터 8월 30일까지 사용할 수 있는 1인 연구실을 배정받아 빠짐없이 나가서 공부했다. 당시 행운이 있어서 20여 개밖에 안 되는 연구실 중 한 개를 배정받은 것이다. 필자는 당시의 여름방학 동안 중앙도서관으로, 보충수업을 했던 학교 인근에 있는 교수님 댁으로, 국어일보어문중심으로 드나들면서 바쁜 시간을 보냈다. 필자가 타고 다녔던 오토바이가 효자 노릇을 했다. 당시의 보충수업은 '졸업자격 학과시험' 과목 중 하나인 '국제무역이론(國際貿易理論)'이라는 과목을 저우이쿠이(周宜魁) 원로 교수님이 강의해주셨는데, 희망하는 학생들만을 대상으로 하여 1991년 7월 9일부터 매주 화요일 오전 100분씩 8회에 걸쳐 실시했다. 방학 기간이라서 학교 내에서 수업을 진행하기가 여의치 않았는바 수강생들을 교수님의 자택으로 불러 수업을 진행했다. 그 보충수업도 역시 지정된 학생들의 순서대로, 매회에 2~3명씩에게 미리 부여한 제목들에 대해 각자 준비해온 자료를 배포하고 발표하도록 한 후, 교수님이 보충하여 설명하는 형식으로 수업을 진행했다. 당시 원로 교수님의 노부부가 사는 집은 학교 근처 주택가의 좁은 골목에 있는 3층짜리 연립주택의 3층에 있는 집이었는데, 그리 넓지 않은 아담하고 소박하고도 말끔한 집이었다. 당시 필자를 포함한 12명의 학생들이 보충수업에 참여했는데, 식탁과 거실의 소파에 둘러앉아 수업을 진행했다. 강의를 시작하기 전 사모님은 언제나 녹차와 케이크, 초코파이, 과일 등 간식거리를 내놓는다. 학생들에게 친구처럼 얘기도 하고 미소를 지으며 간식을 먹으라고 권하신다. 강의가 시작되면 교수님은 조금 전의 모습과는 달리 엄숙하고도 카랑카랑한 목소리로 바뀐다. 학생들에게 일자별로 정해준 순서에 따라 준비해온 자료를 배포하고 발표하도록 한 후 보충설명을 하며, 호명하여 질문을 하니 집중과 긴장이 이어진다. 교수님은 학생들의 이름을 다 외워 알고 있다. 수업이 끝나면 다시금 친구와 같이 자유스럽고 부드러운 분위기로 바뀐다. 종강을 하는 날 점심에는 수업을 마치고 나서 사모님이 준비해놓은 음식들을 각자 접시에 담아다가 식사를 했는데 참으로 민망스러웠다. 엄격하시면서도 다정다감하고 열과 성의를 다하여 학생들을 지도하는 훌륭하신 교수님이라는 생각이 들곤 했었다. 필자가 2019년 11월 대만을 방문했을 때 11월 5일, 90대 후반의 연세이신 저우이쿠이(周宜魁) 원로 교수님을 찾아뵈었는데, 옛날 그 골목의 집들을 헐어내고 새로 지은 고층 아파트의 1층에 거주하시면서 테라스 정원이 내다보이는 방에다 서재를 꾸며놓고, 당시 미국에서 최근에 보내왔다고 하는 연구 자료 등의 책자를 읽고 계셨다. 교수님다운 훌륭하신 교수님이라는 생각이 다시 한번 들었다.

필자의 학교생활 이야기를 좀 더 이어가고자 한다. 1991년 9월 12일 실시한 졸업자격 학과시험(學科考試)에도 무사히 통과했으니, 나머지 학점을 이수하면서 졸업논문 작성 준비에 들어가야 했다. 필자가 귀국 후 귀임해서의 업무에 도움이 되고자 하는 분야를 고려하여, 연구할 논문 제목을 나름대로 '한국의 중국 대륙 경제특구 투자에 관한 연구(韓國在中國大陸經濟特區之投資研究)'로 정하고, 연구할 항목(項目)과 대강(大綱)을 작성해서 연구소장의 동의를 받으면서, 논문지도교수에 대해서도 상담하여, 저우이쿠이(周宜魁) 원로 교수님께 부탁드리기로 했다. 그 원로 교수님은 아주 엄격하셨지만, 입학 전형 때부터 필자에게 각별히 관심을 가져주신 원로 교수다. 저우이쿠이(周宜魁) 교수님을 찾아가서 연구할 논문의 제목과 연구계획을 말씀드리니, 기꺼이 지도해주시겠다고 하였는바 논문 준비를 본격적으로 시작할 수 있었다. 필자가 연구하고자 하는 '중국 대륙 경제특구의 투자에 대한 연구'와 관련하여 필자가 필요로 하는 자료들은 '중국 개혁개방 정책'과 '중국 경제특구'와 관련된 내용들로 주로 중국 대륙과 홍콩에서 발간된 자료들이었고, 당시 중국 대륙에서 발간된 자료들은 대만의 입장에서는 체제가 다른 '중공(中共)'에서 발간된 자료들로, 그러한 자료들은 대만의 '중화경제연구원(中華經濟硏究院)'과 정치대학에 부설되어 있는 '국제관계연구중심(國際關係硏究中心)'에서만 특별히 보관 관리하고 있었는바, 일반인들에게는 열람을 제한하고 있는 자료들이었다. 그 두 기관에서 가지고 있는 중공(中共) 관련 자료들을 열람하고 복사하기 위해서는 '중공(中共) 관련 자료의 열람증

(閱覽證)'을 발급받아야만 가능했었는데, 교내에 있는 '국제관계연구중심'은 교내 절차에 의해 열람증 발급이 가능했지만 학교 밖에 있는 '중화경제연구원'은 학교에서 정식 공문으로 필자의 인적사항을 기재한 '열람증 발급 협조요청'을 해야만 승인에 의해 열람증 발급을 신청할 수 있도록 되어 있었다. 학교의 협조요청 문서에 의해 중화경제연구원으로부터 통보해온 승인 문서를 국제무역연구소를 통해서 받았는데, 그 내용의 요지는 '귀 연구소 연구생 신명철에게 중공(中共)과 관련한 연구 자료의 열람과 복사를 허용한다. 복사를 허용하는 자료를 복사한 경우 잘 보관해야 하며, 밖으로 유출해서는 안 된다. 증명사진 2매를 준비하여 소정의 열람증을 발급 받아라'라고 되어 있었다. 당시 대만에서는 중국 대륙에서 발간된 자료들을 그렇게 엄격하게 관리하고 있었다. 중국에서 발간된 자료들을 열람할 수 있었고, 복사가 허용된 자료는 복사를 할 수 있었으니, 논문 작성을 위한 자료를 본격적으로 준비할 수 있었다. 그 두 기관에는 홍콩을 통해 들어왔을 것으로 추정되는, 중국에서 1~2일 전에 발간된 '인민일보(人民日報)' 등 일간신문들은 물론, 중국에서 최근 발간된 책자들을 포함한 방대한 각종 자료와 책자들이 비치되어 있었다. 개혁개방과 관련하여 중국의 대학교수 등 학자들이 연구한 수많은 자료들이 있었는데, 중국에서 발간된 책자들의 책장을 넘기다 보면 곧 찢어질 듯 얇고 누르스름하며 조잡한 종이에 인쇄되어 있었지만, 그 내용들은

깊이가 있었고 아주 충실하다는 것을 느낄 수 있었다. 덩샤오핑(鄧小平)의 개혁개방 정책과 관련하여 작성된 책자들은 모두 개혁개방 정책의 당위성을 역설하여 주장하고 있었다. 중국의 개혁개방 정책은 당시 이미 되돌릴 수 없는 방향으로 완전하게 들어서고 있음을 실감하게 하는 자료들이었다. 중국의 경제학도들이 공부하는 각종 경제이론 관련 책자들에도 서방세계의 '자본주의 경제이론'들이 빽빽하게 들어 있었다. 중국이 이미 시장경제 체제로 전환되고 있음을 보여주는 자료들이었다. 그러한 자료들을 통해서 덩샤오핑(鄧小平)이 설계한 중국의 개혁개방 정책은 중국 인민들의 생존을 위해 선택한 필연적인 정책이라는 것을 알게 됐고, 이미 그 방향으로 가고 있으며, 그 어느 누구도 가로막을 수 없는, 이미 확고하게 선택되어진 정책이 아니었는가 하는 판단이 들었었다. 그런데 1989년의 '6·4 톈안먼(天安門) 사태' 이후 중국 권력 내부의 보수 강경파들의 저항에 직면하게 되면서, 서방세계 자본의 진입이 주춤하여 외자 유치에 차질을 빚게 된다. 이에 장막의 뒤로 한발 물러나 있던 중국 개혁개방 정책의 총설계사인 덩샤오핑(鄧小平)이 발끈하며, 필자가 한창 논문을 준비하고 있을 당시인 1992년 춘절(春節)에 개혁개방 정책의 핵심 기지인 홍콩 인근의 선전(深圳)경제특구, 마카오 인근의 주하이(珠海)경제특구와 상하이(上海) 등지를 방문하여 개혁개방 정책의 회의론에 대해 대내적으로는 쐐기를 박고, 서방세계를 향해서는 중국의 개혁개방 정책에 변화가 없음을 천명하며 안심하고 투자할 것을 호소하기에 이른다. 덩샤오핑(鄧小平)의 그 '남순강화(南巡講話)' 이후 중국의 개혁개방 정책은 다시 활기를 되찾아가게 된다. 이와 같은 덩샤오핑(鄧小平)의 개혁개방 정책의 큰 틀은 대외개방 정책이며, 그 대외개방 정책의 핵심은 선전(深圳)을 비롯한 4개의 경제특구에 있었다. 중국이 모험적으로 개방한 그 경제특구를 심층 분석하고 전망하면서, 한국의 입장에서 어떤 전략을 가져야 하는지를 연구하는 것은 필자에게는 보람이 있는 일이라고 판단했다. 2학년 제2학기가 시작되기 전까지 약 3달간 중화경제연구원과 교내의 국제관계연구중심 등 자료실을 드나들며 자료를 열람하여 복사하고, 발췌하여 메모하고, 서울에서 발간된 자료들도 확보하여 제목별로 정리하여 모아두고, 야간과 휴일에는 논문 초안을 본격적으로 작성하기 시작했다. 중국 대륙의 대외개방 정책 추진 배경을 국제무역이론의 관점에서 분석하여 그 이익의 원리를 도출해내고, 경제특구의 경제 발전 효과를 경제이론상으로 분석하여 중국 대륙이 개방 지역을 확대시켜나갈 것을 예측하면서 경제특구의 투자 환경을 분석하고, 투자 전략을 연구하여 논문의 초안을 만들었는바 지도교수께 보고하고 수정 보완하기를 반복하여 논문 초고를 완성할 수 있었다.

완성된 논문 초고와 논문 요약 내용을 첨부한 논문 시험 신청서에 지도교수의 서명을 받아서 연구소에 정식으로 논문 시험을 신청했고, 정해진 일정에 따라 1992년 5월 29일 연구소장이 주재하고 학생들이 참석한 자리에서 논문 내용을 발표했다. 마지막 단계로 학교의 논문 시험 일정에 따라 논문 시험 평가를 받아야 하는바, 시험 실시 1주일 전에 가(假)인쇄한 논문 초안을 논문 시험 평가 교수님들께 드린 후 발표 준비를 완료하고, 1992년 6월 27일 시험 당일 연구소장과 지도교수를 포함한 네 분의 논문 시험 평가 교수님들이 엄숙하게 앉아있는 자리에서 발표를 마치고 나서, 질문에 답하고 지적을 메모하며, 약 1시간 반 동안 평가를 받아 합격하는 기쁨을 얻을 수 있었다. 그 후 논문 시험 평가 교수님들이 지적한 내용들을 수정하여 지도교수의 검토를 받아서 논문을 완성하였다. 이렇게 하여 2년 4학기 동안의 학업을 무사히 마치고, '경영학석사 학위'의 졸업장을 받을 수 있었다.

특별한 가치가 있는 걸작의 박사논문도 아닌, 하찮은 졸작의 석사논문인데, 좀 부끄러운 마음이 들기는 하지만 당시 여러 어려움을 견뎌내며 졸업할 수 있었는바, 필자의 입장에서는 나름대로 보람이 있었다는 생각이 들어 필자가 작성한 논문의 책머리에 새긴 「감사의 말씀」 내용을 번역하여 잠시 추억에 젖어보고자 한다.

감사의 말씀

먼저 이 논문을 순조롭게 완성할 수 있도록 지도해주신 지도교수 저우이쿠이(周宜魁) 박사님께 감사드린다. 논문 제목의 결정에서부터 논문의 완성에 이르기까지 엄격하시며 신중하시고도 깊은 마음의 보살핌으로 지도하여주시고, 약 2년간 연구소에서 공부하는 동안 깨우쳐주시고 격려하여주신 교수님의 은혜에 진심으로 감사드린다.

평소에 지도해주신 라이웬허(賴源河) 교수님과 장진웬(張錦源) 교수님께서 논문 평가 시험 때 귀중한 의견을 제시해주셔서 이 논문을 훨씬 더 엄밀하게 정리하여 완성할 수 있었다. 이에 두 분 교수님께 깊은 감사를 드린다.

부족한 필자에게 중화민국에서 유학을 할 수 있는 기회를 주신 조국 대한민국에 감사드린다. 그리고 필자의 중화민국 국립정치대학 국제무역연구소 재학 기간 내내 연구 방향을 지도해주시고 격려해주시고 항상 필자의 생활에 대해서도 관심을 가져주시어 순조롭게 졸업할 수 있도록 보살펴주신 소장 왕이위(汪義育) 박사님께 특별히 감사드린다. 또한 필자에게 가르침과 격려를 주신 전임 소장 린보성(林栢生) 교수님과 차이잉원(蔡英文) 교수님 그리고 후롄궈(胡聯國) 교수님도 평생 잊지 않을 것이다. 필자가 학교 수업을 받는 동안 친절하게 도와주고 격려해준 세

중싱(謝中興) 학우, 천후이친(陳惠欽) 학우, 연구소의 여러 학우들, 논문 작성 기간에 관심을 가지고 도와준 진중세(金中燮) 학우에게 함께 감사함을 표시한다.

특별히 자애로운 어머님과 장모님께도 감사드리고자 한다. 그리고 어려움을 견디며 필자를 지지해준 사랑하는 아내 김영숙, 필자에게 안정적인 생활을 할 수 있도록 잘 적응해준 여식 호경, 호윤과 승우에게 깊은 사랑의 뜻을 표한다.

끝으로 이 논문을 하늘에 계신 아버님과 장인어른 영정에 바친다.

— 1992년 6월 타이베이에서 신명철 올림

대만의 국립정치대학(國立政治大學)은 중국국민당이 당(黨) 간부들을 양성하기 위해 1927년 난징(南京)에 설립한, 장제스(蔣介石)가 초대 교장을 맡고 있었던 '중앙당무학교(中央黨務學校)'를 전신(前身)으로 하여 태생된다. 1929년에는 '중앙정치학교(中央政治學校)'로 개명되고, 중국국민당의 중화민국이 충칭(重慶)에 수도를 두고 있었을 때인 1944년에는 '중앙간부학교(中央幹部學校)'가 되었다가, 중국국민당의 중화민국이 다시 난징(南京)으로 돌아온 후인 1947년 장제스(蔣介石)를 명예 교장으로 하는 중앙간부학교(中央幹部學校)를 새로이 설립하면서부터 '국립정치대학(國立政治大學)'이라는 이름을 사용하기 시작한다. 국공내전(國共內戰) 시기에는 문을 닫고 있다가 국부천대(國府遷臺) 이후 1954년 '국립정치대학(國立政治大學)'이라는 이름 그대로 타이베이(臺北)에 복교(復校)시켜 연구중심(研究中心) 대학으로 재(再)개교하면서부터, 인문과학, 사회과학, 법학, 상업관리, 금융 등 '인문사회과학영역위주(人文社會科學領域爲主)'의 학부 학과(學科)들과 연구소(研究所: 대학원)들 등을 두고 인재를 양성해오고 있는 종합대학이다. 필자가 유학하고 있었을 때 대만국립정치대학(國立政治大學) 내에는 28개의 학부 학과(學科)들이 있었고, 그 학과들에 25개의 연구소(研究所)들을 두고 있었다. 그 연구소(研究所)들에 박사반(博士班)도 있는 연구소(研究所)들이 14개 있었는데, 당시 '국제무역연구소(國際貿易研究所)'에는 석사반(碩士班)만 있었다.

대만 유학 시절의 중국어 공부 이야기

필자가 대만에 첫발을 디디면서부터 대만국립정치대학(國立政治大學) 국제무역연구소(國際貿易研究所)에 입학할 때까지 대만 '국어일보어문중심(國語日報語文中心)'에서 '대만 국민소학교(國民小學校)의 국어(國語)교과서', '중국우언(中國寓言)', '중국의 풍속습관(中國的風

俗習慣)', '중국문화20강(中國文化二十講)', '중국역사고사(中國歷史故事)' 등의 교재를 가지고 학습하는, 그룹별로 개설한 종일반에서 중국어 공부를 했었는데, 학교에 입학하고 나서도 학교 수업이 비어 있는 시간과 방학을 이용해서 국어일보어문중심(國語日報語文中心)에서 계속해서 중국어 공부를 했었다. 당시 대만의 국어일보어문중심은 대만 '사범대학어문중심(師範大學語文中心)'과 더불어 중국어를 배우려는 외국인들에게 표준중국어를 가르치는 대만의 양대(兩大) 중국어학원(中國語學院) 중 하나였다. 학교에 다니면서 국어일보어문중심에서 중국어 공부를 하려면 학교 수업이 비어 있는 시간을 이용해야 하는데, 그러니 수업 시간을 맞추기도 어렵고 중국어 실력의 수준에 맞는 반(班)을 찾기도 쉽지 않았는바 1인반 수강을 신청해서 수업을 받는 수밖에는 없었다. 필자가 학교에 다니는 동안 매학기마다의 국어일보어문중심의 수업은 필자의 실정에 맞게 조정해서 일주일에 2~3번, 한 번에 110분씩의 수업을 받았었다. 필자에게 2년 가까이 중국어를 가르쳐주신 분은 당시 은퇴를 앞둔 연세가 많으신 장시전(張席珍) 선생님이셨는데, 대만이 일본 식민 통치로부터 해방된 1945년 이후 중국 대륙에서 대만으로 이주해온 외성인(外省人) 출신으로 베이징(北京)식의 '얼화운(兒化韻)' 발음을 하셨고, 박식(博識)하시고 겸손하시며, 자상(仔詳)하신 분이셨다. 장시전(張席珍) 선생님은 필자 한 사람에게 가르치는 수업이었지만 따라 읽히고, 쓰시며 해석하시고, 질문하시며 열과 성의를 다해 가르쳐주셨다. 매번 강의실에 들어오실 때는 일간지 '중국시보(中國時報)'를 들고 오셔서 교재에 의한 수업을 시작하기 전에 주요 기사 내용을 필자에게 읽히고 그 내용에 대해 토론을 했다. 교재는 장시전(張席珍) 선생님이 가지고 계신 책들 중 필자에게 적합한 책을 가져오셔서 필자와 상의한 후 매번 직접 구입하여 필자에게 주셨다. 그 책들은 필자가 보관하고 있다. 『중화문화12강(中華文化十二講)』, 『사상과 사회(思想與社會)』, 『인생10론(人生十論)』, 『중국역대정치득실(中國歷代政治得失)』, 『재경문존(財經文存)』, 『사서독본(四書讀本)』 등의 책들을 가지고 중국어를 가르쳐주셨다. 시간이 맞을 때는 학원 근처에 있는 특징이 있는 식당들에서 장시전(張席珍) 선생님과 함께 점심 식사를 하곤 했었는데, 식사 중에 중국 음식에 대해서도 얘기해주셨고, 대만의 정치와 사회에 대해서뿐만 아니라 장제스(蔣介石) 총통과 장징궈(蔣經國) 총통의 가족들에 대해서도 말씀해주시는 등 필자에게 중국과 대만에 대한 견식(見識)을 넓히는 데도 도움을 주셨다. 국어일보어문중심(國語日報語文中心)의 장시전(張席珍) 선생님도 필자에게는 잊을 수 없는 고마운 분이시다.

12.
대만의 자연환경과 명승지들의 이야기

대만의 태풍(颱風)과 지진(地震)

　대만은 매년 주로 7월부터 10월까지의 계절에 평균 3~4개씩의 크고 작은 태풍(颱風)의 영향을 받는다. 대만에 영향을 미치는 태풍들은 대부분 북태평양의 서부에서 발생하는 것들인데, 그 태풍들이 서쪽 방향으로 이동하면서 대만을 직접 지나기도 하고 필리핀과 대만 부근에 머물러있는 열대고기압으로 인해 서북쪽 방향으로 진행하거나 편(偏)북진(北進)하기도 하면서 대만을 직접 지나거나 그 주변을 지나면서 영향을 미치고 있는 것이다. 편(偏)북진(北進)하는 태풍들이 북동쪽의 방향으로도 이동하면서 일본에 영향을 미치기도 하고, 북쪽의 방향으로 진행하면서 한반도에 영향을 미치기도 한다. 필자가 타이베이(臺北)에 머무는 동안 여러 차례의 크고 작은 태풍들을 직접 목격했는데, 태풍이 다가오기 전에는 바람 한 점 없이 고요하기도 하고, 먼 하늘에 아주 특이한 짙은 먹구름의 노을이 피기도 하는데 아름다움보다는 불안한 느낌이 든다. 태풍이 가까이 다가오면서 비바람이 몰아치기 시작하는데, 직접 지나갈 때는 요란한 굉음을 내며 모든 것을 다 쓰러트릴 것 같은 기세로 거세게 몰아치기도 한다. 한번은 아주 큰 초대형 태풍이 타이베이(臺北)에 들이닥쳤는데, 비바람이 거세게 몰아치다가 낮 시간에 언제 그랬느냐는 듯 갑자기 멈춰 20~30분 동안은 비바람도 없고 고요하며 햇빛이 나기도 하다가 다시금 비바람이 불기 시작하여 거세게 몰아치면서 태풍이 지나간 적도 있었다. 태풍이 지나면서 태풍의 중심인 태풍의 눈(眼)이 통과했기 때문이다. 또 한번은 역시 상당히 큰 태풍이었는데, 거센 비바람을 몰아치면서 타이베이(臺北)를 지나갔는데 다시 돌아와 요란한 비바람을 몰아치고 지나갔다가 또다시 거센 비바람을 몰아치며 피해를 주고 지나간 경우도 있었다. 태풍이 갈 지(之) 자(字)로 왔다 갔다 했기 때문이다. 우리나라에서는 보기 드문 현상들이다.

 대만에 직접적으로 영향을 미치는 태풍들은 대개 대만의 동쪽이나 동남쪽에서 육지로 올라오는데, 태평양과 접해 있는 '중앙산맥(中央山脈)'을 비롯한 여러 산맥들이 대만의 동쪽을 병풍처럼 가로막고 있어 태풍이 그 산맥들을 넘어오면서 세력이 약화되기도 하고, '열대선풍(熱帶旋風: 회오리바람)'으로 변하기도 하면서 인구가 밀집되어 있는 대만 서부 지역의 피해를 줄여준다고 하여 대만 사람들은 중앙산맥(中央山脈)을 '호국신산(護國神山: 대만을 보호하는 신령스러운 산)'이라고 부른다고 한다. 하지만 태풍이 중앙산맥(中央山脈) 등 산맥들을 지나고 나서 다시 원래의 세력을 회복하기도 하면서 피해를 발생시키고 있다고 한다. 태풍이 지나갈 때는 건물들에 부착되어 있는 간판들이 다 떨어져 날아갈 것 같고, 가로수나 공원의 나무들이 다 부러지고 뽑힐 것 같은 기세로 거세게 비바람이 몰아치기도 한다. 특히 야간에 태풍이 지나갈 때는 더욱 불안한 느낌이 들기도 한다. 태풍이 지나가고 나면 고요해지면서 바람 한 점 없이 상쾌하게 맑아지기도 하는데, 부러지고 뽑혀 넘어진 나무들도 있지만 신기(神奇)하게도 대부분은 멀쩡하게 버티고 있다. 태풍이 지나가고 나면 부서진 시설들을 신속하게 정비하고, 뽑히거나 부러진 나무는 치우고, 부러진 가지들을 잘라내는 등 신속하게 정리를 하는바, 태풍이 언제 지나갔는지 잘 모를 정도다. 대만 정부가 평소 태풍으로 인한 피해에 대비하여 철저하게 준비를 하고 있기 때문이다. 뿐만 아니라 태풍으로 인한 주민들의 안전을 지키기 위해 침수에 대비한 시설들을 갖추고 있고, 저지대에는 인명 구조용 보트를 상시 비치하여 걸어놓고 있으며, 모든 입간판들은 견고하게 설치하도록 하는 등 태풍 피해를 막아내기 위한 대비를 철저히 하고, 태풍이 지나갈 때는 등교나 출근을 못 하게 하는 조치를 취하기도 하면서 태풍으로 인한 피해를 줄이고 있다.

대만은 불의 고리라고 하는 환태평양지진대에 위치해 있어 지진(地震)이 자주 발생한다. 대만의 동쪽 중부에 위치한 화롄(花蓮: 화롄)의 앞바다에 그 지진대가 형성되어 있어, 주로 그 화롄(花蓮) 지역에서 지진이 많이 발생하지만 대만의 다른 지역들에서도 발생한다. 필자가 대만에 있었을 때도 크고 작은 지진이 여러 번 발생했지만 큰 피해는 거의 없었다. 철저한 대비를 하고 있기 때문이다. 대만 정부는 지진 발생에 대비하여 그 피해를 줄이기 위해 공공시설물은 물론 모든 건축물들을 내진설계에 의해 건설하도록 하고 있고, 평소에 학교 교육을 통해서나 전 국민들을 대상으로 매스컴을 통해 수시로 지진 발생 시 대피 요령 등을 숙지하도록 주지시키고 있다. 태풍이나 지진 등 자연의 현상을 인간의 힘으로 막을 수는 없지만, 철저히 대비하면 그로 인한 피해를 줄일 수는 있다는 것을 필자가 대만 생활을 통해서 알게 되는 계기가 되었는데, 우리가 배워야 할 부분이 아닌가 하는 생각이 들기도 했었다. 대만의 지진에 대한 이해를 돕기 위해, 필자가 대만에서 경험한 지진과 관련한 일화를 소개하고 넘어가고자 한다.

필자가 대만에서 근무하고 있었을 때, 필자의 딸아이가 감기에 걸려 1994년 6월 5일 일요일 오전 중샤오동로(忠孝東路)4단 구

(舊) '주(駐)대만한국대사관' 부근에 있는 내과 진료소에 데리고 간 일이 있었다. 병원이 들어 있던 건물은 좀 오래된 20층 정도 되는 건물이었고, 병원은 그 건물의 상층부에 있었다. 중년의 여자 의사 선생님이 진료를 했는데, 진료를 마칠 무렵 갑자기 무엇을 붙잡지 않으면 서 있기가 힘들 정도로 건물이 무너질 듯 소리를 내며 흔들리는 것이다. 순간 또 한 번, '아… 이렇게 허망하게 가는구나!' 하는 생각이 들기도 했었다. 의사 선생님은 필자의 딸아이를 꼭 끌어안고, 흔들림이 끝날 때까지 "나모아미투오포 나모관스인푸사(南無阿彌陀佛 南無觀世音菩薩: 나무아미타불 나무관세음보살)" "부야오단신(不要擔心: 걱정하지 마세요)! 부야오단신!"이라는 말을 연신 하며 순간을 넘겼지만, 필자 부부는 어찌할 바를 모르고 비틀거리며 공포의 시간을 넘겼었는데 1분 정도 흔들렸을 시간이 아주 긴 시간처럼 느껴졌었다. 흔들림이 끝나고 나니 의사 선생님은 필자 딸아이와 필자 부부에게 '조금 더 머물러 있다가 진정되고 나면 나가라' 하며 위로하면서, '엘리베이터가 위험할 수 있으니 작동이 잘되는지 확인하고, 조심해서 돌아가라'라고 친절하게 안내해주시기도 했다. 그 의사 선생님의 선한 마음이 떠오른다. 집에 돌아와보니 어항의 물이 넘쳐 거실 바닥에 흘러 있기만 했었다. 당시 이란(宜蘭) 부근에서 났던 진도 6.5의 강진이었지만 큰 피해는 없었다. 지진(地震) 대비 설계에 의한 건축과 훈련이 잘되어 있기 때문이다. 그에 앞서 필자가 대만에서 유학하고 있

었을 때 틈을 이용해 필자 소속 부처의 산하기관인 특허청에서 출장 나온 2명의 동료 직원과 함께 화롄(花蓮)의 '타이루거(太魯閣)협곡'을 다녀오기 위해 1990년 12월 14일 아침 일찍 타이베이(臺北) 시내에 있는 쑹산(松山)비행장에서 화롄(花蓮)행 비행기에 탑승하여 이륙을 기다리고 있는데, 비행기가 움직이는 것을 느꼈는바 아직 출발시간이 안 됐는데도 출발하려나 보다 생각을 했었다. 그런데 비행기는 그 자리에 그냥 있었고, 출발 시간이 지나서야 이륙했다. 안내방송도 없었는바 아무런 영문도 모르고 화롄(花蓮) 공항에 도착하여 택시를 이용해서 화롄(花蓮)의 타이루거(太魯閣) 협곡으로 가기 위해 승객들을 기다리고 있는 택시 대열에 다가가서 택시를 타려고 하니, 1시간쯤 전에 화롄(花蓮) 앞바다에서 큰 지진이 났다고 하며, "타이루거(太魯閣)협곡의 도로가 낙석으로 통행이 어려울 수도 있고, 낙석이 계속될 수 있어 위험하여, 타이루거(太魯閣)는 갈 수가 없다" 하는 것이다. '아… 쑹산(松山)비행장에서 출발하기 전 비행기가 흔들린 것이 바로 지진 때문이었구나!' 하고 그때서야 알 수 있었다. 하루 전인 1990년 12월 13일 오전에 화롄(花蓮) 앞바다에서 진도 6.5의 강진이 발생했는데, 큰 여진이 발생했던 것이다. 난감한 일이 생긴 것이다. 포기하고 화롄(花蓮) 시내만 돌아보고 돌아갈 수밖에 없었다. 그런데, 옆에 서 있던 다른 택시 기사가 웃돈을 주면 위험을 무릅쓰고 시도해보겠다고 나서니, 다시 오기 어려운 동료들의 입장을 생각해서 불안하기는 했지만 상의하여 그렇게 해보기로 했다. 타이루거(太魯閣)협곡으로 이어진 산은 아주 높고도 깊은 산이며, 여진(餘震)도 있을 수 있는바 지금 생각해보면 무모한 처사였다는 생각이 든다. 타이루거(太魯閣)협곡을 지나는 동안 협곡 사이의 도로 위에는 통행에 지장이 있을 정도로 군데군데 낙석이 쏟아져 있었고, 도로의 여러 곳에서는 도로를 관리하는 사람들이 도로 위의 낙석들을 치우고 있었다. 택시 기사는 요령껏, 도로의 중앙선과 관계없이 도로의 상황에 따라 저속으로 절벽의 안쪽으로 차를 몰고 갔다. 낙석이 굴러떨어져도 절벽의 바깥쪽으로 떨어지기 때문이다. 당시 통행하는 차량은 거의 없었지만 중앙선을 침범도 해야 하니 불안했다. 택시 기사는 타이루거(太魯閣)협곡의 중간중간에 있는 절경들을 안내하면서도 위험한 곳을 피하도록 우리 일행에게 주의를 주는 등 신경을 써주어 긴장 속에서라도 약 20km에 이르는 타이루거(太魯閣)협곡의 관광을 무사히 마치고 돌아올 수 있었으니 감사한 마음이었다. 화롄(花蓮) 여행은 그 이후로 열차를 이용하여 다녀오기도 했고 필자가 승용차를 직접 몰고 다녀오기도 했는데, 화롄(花蓮)과 타이루거(太魯閣)협곡을 좀 더 들여다보고자 한다.

화롄(花蓮) 타이루거(太魯閣)협곡과 동서횡관공로(東西橫貫公路)

화롄(花蓮)은 대만 섬의 동쪽 중부의 위치에서 태평양과 접해 있는 지역으로, 대부분의 지역이 산악지대를 이루고 있는데, 약 140km로 길게 이어져 있는 태평양 연안 지역으로는 좁지만 충적으로 이루어진 평원도 있다. 화롄(花蓮)의 동쪽으로는 태평양 바다가 펼쳐져 있고, 서쪽으로는 해발 3,000m가 넘는 중앙산맥(中央山脈)의 산들로 가로막혀 있고, 북쪽으로는 해발 1,000m가 넘는 산들의 절벽이 태평양 바다와 접해져 막혀 있어 옛날에는 교통이 불편한 지역이었다. 하지만 일본 통치 시대인 1910년 타이둥(臺東)-화롄(花蓮) 간 철로가 개설되고, 1932년도에는 화롄(花蓮) 북쪽의 바다와 접해 있는 산들의 절벽과 경사면의 산허리를 깎아내거나 뚫어 북쪽으로 통하는, 118km에 이르는 '쑤화공로(蘇花公路)'를 개설하면서부터 대만의 북쪽 지역은 물론 타이베이(臺北)까지도 우회하여 왕래할 수 있게 되어 불편한 교통으로부터 벗어나게 된다. 그 이후 1960년 5월에는 화롄(花蓮)에서 대만의 서부 지역을 왕래할 수 있는 약 180km의 '동서횡관공로(東西橫貫公路)'가 개설되고, 1980년 2월에는 화롄(花蓮)에서 북쪽의 쑤아오(蘇澳)로 연결되는 '북회선(北迴線)' 철로까지 개통이 되면서, 화롄(花蓮)은 인구 30만이 넘는 공업과 상업 중심의 대만 동부 중요 도시로 변모하게 된다.

화롄(花蓮)에는 화롄(花蓮)의 북서쪽 위치에 있는 타이루거(太魯閣)에서부터 톈샹(天祥)에 이르는 약 20㎞ 구간에 기암괴석들이 어우러져 기이한 자연경관을 이루고 있는 '타이루거(太魯閣)협곡'이 있다. 화롄(花蓮)에서 대만의 서부 지역을 왕래하는 도로인 동서횡관공로(東西橫貫公路)가 그 타이루거(太魯閣)협곡의 입구에서부터 시작된다. '타이루거(太魯閣)국가공원'의 일부분인 타이루거(太魯閣)협곡은, 중앙산맥(中央山脈)의 산줄기인 해발 3,000m가 넘는 허환산(合歡山)의 깊은 산속으로부터 1㎞마다 평균 20~30m 정도의 낙차를 이루며 태평양 바다로 흘러내려 가는 물줄기에 의해 석회암의 대리석 바위가 장구한 세월 동안 침식(浸蝕)이 되면서 형성된 협곡으로, 깊은 곳은 1,000m가 넘는 바위 절벽을 이루고 있는 곳들도 있는 험준한 대협곡(大峽谷)이다. 바위 절벽 사이의 깊은 협곡 아래의 바닥에서 거세게 흐르는 물줄기가 바위 절벽과 어우러져 장관을 이루기도 한다. 타이루거(太魯閣)대협곡은 동서횡관공로(東西橫貫公路)의 건설 과정에서 가장 험난한 난공사(難工事) 구간이었다고 한다. 좁고 깊은 계곡 사이의 아슬아슬한 바위 절벽을 깎고, 터널을 뚫고, 다리를 놓아 만들어낸 도로를 따라 들어가다 보면 제비들이 집을 짓고 놀았다고 하는, 석회암 절벽들의 침식(浸蝕) 작용으로 파인 동혈(洞穴)들과 구혈(甌穴)들이 있는 '옌쯔커우(燕子口: 연자구)' 계곡이 나온다. 옌쯔커우(燕子口)계곡을 지나면 험준한 바위 암벽을 파내거나 뚫어 도로를 낸, 군데군데의 반(半)동굴들과 동굴들이 주변의 기암괴석들과 어우러져 있는 신비한 경관을 이루고 있는, 구불구불 700m나 되는 '주취둥(九曲洞: 구곡동)' 계곡이 나오는데, 약 20㎞에 이르는 그 협곡들을 지나고 나면 주변의 산과 숲이 어우러져 아름다운 절경을 이루고 있는, 넓은 공간이 형성되어 있는 '톈샹(天祥: 천상)'에 다다르게 된다. 톈샹(天祥)의 서쪽으로는 중앙산맥(中央山脈)의 산으로 가로막혀 있는데, 절벽에 가까운 그 산을 비롯하여 해발 2,000~3,000m 이상 되는 수많은 험준한 중앙산맥(中央山脈)의 산들을 깎거나 뚫고 다리들을 놓기도 하면서 '동서횡관공로(東西橫貫公路)'를 건설하여 서쪽 지역으로 관통시켜낸 것이다. 필자가 차를 몰고 톈샹(天祥)에서 가파른 산길을 따라 일부 구간을 올라갔다가 돌아 내려온 적이 있었는데, 타이루거(太魯閣)협곡 구간의 도로도 험했지만 그보다도 더 위험한 도로라는 느낌이 들었었다.

　동서횡관공로(東西橫貫公路)의 건설은 장제스(蔣介石) 통치 시대인 1949년, 중국 대륙으로부터 철수되어 들어온 국민당 군을 투입하여 미국으로부터 자금을 지원받으면서 건설을 시작하여, 1956년도부터 본격적으로 군과 재소자 등 대대적인 인력을 투입하여 4년 가까이 건설공사를 진행했다고 하는데, 수많은 산들의 산허리들을 깎고, 터널들을 뚫고, 다리들을 놓는 등의 공사 과정에서 200여 명이나 되는 희생자를 내면서 1960년 5월, 약 180㎞ 전 구간의 건설을 완성하여 개통했다고 한다. 그 어렵게 관통시킨 동서횡관공로(東西橫貫公路)가 1999년 9월 21일 발생한 '921 대지진'으로 심하게 훼손되어 통행이 중단되었다고 하는데, 25년이 지난 아직까지도 부분적으로만 복구되어 제한적으로 통행되고 있고, 2037년도에나 복구가 완료될 예정이라고 하니 동서횡관공로(東西橫貫公路)가 얼마나 험한 산들을 깎고 뚫어 만든 도로인지, 921대지진이 얼마나 강한 지진이었는지 짐작이 되고도 남음이 있다. 921대지진은 대만의 중부 내륙 지역의 '난터우(南投)현'에서 발생하여 2,400여 명이 넘는 사망자와 만여 명이 넘는 부상자를 내는 등의 엄청난 피해를 입힌, 진도 7.7의 대지진이었다. 당시 우리나라에서도 119 구조대원들이 파견되어 긴급 구조 작업에 참여한 바 있었다. 필자가 2019년 11월 3일부터 11월 10일까지 대만을 방문했을 때인 11월 5일, 지진이 발생했던 난터우(南投)현을 지나 르웨탄(日月潭)으로 들어간 적이 있었는데, 지진이 발생한 지가 20년이 지났는데도 군데군데 산사태가 난 흔적들이 그대로 남아 있었다.

아리산(阿里山)삼림공원

대만의 '아리산(阿里山)'은 대만 중남부 지역 자이현(嘉義縣)의 동쪽으로 70㎞쯤의 위치에 있는, '아리산(阿里山)산맥 산줄기에 있는 산'을 말하는데 대만 최고봉인 해발 3,952m의 위산(玉山) 서쪽에서 아리산(阿里山)산맥의 해발 약 2,400~2,500m의 군산(群山)들로 둘러싸여 울창한 편백나무의 숲을 이루고 있는 산이다. 아리산(阿里山) 산상(山上)에는 '아리산(阿里山)삼림공원'이라는 풍경구(風景區)가 조성되어 있다. 그러니까 아리산(阿里山)이라는 산봉우리는 없다. 타이베이(臺北)에서 아리산(阿里山)삼림공원까지 자동차를 이용한 주행거리는 약 300㎞쯤 된다. 아리산(阿里山)을 오르는 방법은 자동차로 산악도로를 이용하는 방법과, 협궤의 삼림열차를 이용하는 방법이 있다. 필자가 대만에서 생활하면서 아리산(阿里山)을 두 번 올라가본 적이 있다. 한 번은 유학 시절에 졸업여행으로 20여 명의 학우들과 함께 삼림열차를 타고 올라갔었고, 또 한 번은 근무 시절에 가족과 함께 필자가 승용차를 몰고 올라갔었는데, 열차를 타고 올라갈 때 열차의 차창 밖으로 펼쳐지는 자연의 풍광이 더 아름다웠다. 두 번 다 봄이었는데, 운이 좋게 아주 화창한 날씨였다.

　삼림열차를 타고 올라갈 때는 타이베이(臺北)에서 열차로 자이(嘉義)역으로 이동하여, 삼림열차로 갈아타고 해발 30m의 자이(嘉義)역을 출발하여 산을 휘감아 돌기도 하고, 지그재그 갈 지(之) 자로 올라가기도 하면서 49개의 터널과 77개의 교량을 통과하면서 72㎞ 거리의 산상에 있는 해발 2,216m의 아리산(阿里山)역에 도착

했었다. 산을 오르는 동안 차창 밖으로 보이는 나무들의 모양을 통해서 열대와 아열대를 거쳐서 온대에 이르고 있다는 것을 알 수 있었다. 아리산(阿里山)의 삼림은 해발 800m이하는 열대림, 해발 800~1,600m는 아열대림, 해발 1,600m 이상은 온대림의 숲으로 이루어져 있다고 한다. 삼림열차가 산상의 종착역에 도착할 무렵부터는 곧게 자란 울창한 편백나무 숲이 펼쳐지는데, 그 숲의 사이사이에 서있는 상상을 초월하는 큰 나무들이 눈에 들어온다. '이렇게 곧게 자란 큰 나무들이, 이 높은 산에 있다니!' 하는 감탄이 저절로 나왔다. 그리고 그 순간, '아… 우리가 타고 온 삼림열차의 그 협궤철도가 바로, 이 곧게 자란 잘생긴 큰 나무들과 연관이 있겠구나!' 하는 생각이 들었다. 당시 남아 있는 큰 나무들이 한 20여 그루 정도 되었었는데, 자료들을 보니 수령(樹齡)들이 1,000년이 넘는다고 한다. 그중 낙뢰(落雷)로 인해 고목(枯木)이 다 되어 있었던, 크고 잘생겼으며 수령이 3,000년 넘었다고 하는 '신목(神木)'이라는 고목(古木)이 있었는데, 그 이후 고사(枯死)되었다고 한다. 고사(枯死)된 신목(神木)을 대신하여, 남아 있는 큰 나무 중에서 가장 크고 잘생긴 나무에게 '향림신목(香林神木)'이라는 이름을 지어 특별히 관리하고 있다고 하는데, 수령은 2,300년이나 되고 높이가 45m나 되며, 둘레는 12m가 넘는다고 한다. 그 크고 잘생긴 나무들은 대만의 고유 수종으로 '홍회목(紅檜木: Taiwan Red Cypress)'이라고 부른다는데, 대만의 일본 점령기인 1910년대에 일본 사람들이 그 험한 산에 협궤철로를 개설하여 그 크고 잘생긴 홍회목(紅檜木) 나무들을 벌채(伐採)해 가져갔다고 한다. 예로부터 깊은 뿌리를 내리고 무성하게 자라서 하늘 높이 솟아 있는 나무는 함부로 베지 않는다고 했다. 일본 사람들이 이를 모를 리가 없었을 것인바, 그 두려움을 느낀 흔적들이 보인다. 기세(氣勢)가 강하게 서 있는 나무들을 일부나마 남겨두었고, 베어진 나무를 위로하는 '수령탑(樹靈塔)'을 세워 위안을 받고자 했었던 것 같다. 일본 사람들은 당시 벌목한 홍회목(紅檜木)들을 일본으로 가져다가, 건축(建築)자재와 조선(造船)자재 등으로 활용했다고 한다. 그나마 다행스러운 것은, 미래를 내다보는 안목이 있는 일본 사람들이 벌채(伐採)해 간 그 자리에 당시 새로 심어놓은 새로운 수종의 편백나무들이 아름드리로 크게 자라서 지금의 숲을 이루고 있는 것이다. 대만 사람들이 일본 사람들에게 나쁜 감정을 품지 않는 여러 이유들 중의 하나가 아니겠는가 하는 생각이 든다. 주변의 편백나무 숲을 산책하다 보면, 숲속의 군데군데에 싱싱하게 자란 고추냉이(山葵菜: 와사비)밭이 보인다. 그 고추냉이는 1918년도에 일본 사람들이 처음 대만으로 들여왔다고 하는데, 그때부터 그 아리산(阿里山)에서도 재배를 시작했다고 한다. 그 이후 아리산(阿里山)이 고추냉이의 주산지가 되었고, 수확한 그 고추냉이는 주로 일본으로 수출을 한다고 한다.

    아리산(阿里山)을 졸업 여행으로 갔을 때는 학우들과 같이 움직

여야 했으니 자유로운 여유는 없었지만, 그래도 학우들과 함께 즐겁게 산책하며 주변에 빨갛게 핀 벚꽃이며 기이한 모양의 수목들과 아름다운 산상의 연못 등을 관상(觀賞)했었다. 야간에는 쏟아질 듯 무수하게 많은 밤하늘의 별들을 바라보며 학우들과 별자리들에 대한 이야기를 나누기도 했었는데, 그렇게 많은 별들을 본 것은 어렸을 적 필자의 시골집 마당에서 늘 보아온 이후 처음이었다. 그 이후 필자가 베이징(北京)에서 근무할 때 항저우(杭州)로 출장을 간 적이 있었는데, 그때 중국 정부에서 황산(黃山) 시찰을 안내했었는바 황산(黃山)의 산상에 있는 '북해빈관(北海賓館)'에서 하루 저녁을 머물면서 그날 밤에 또다시 무수히 많은 별들을 볼 수가 있었고, 그 이후로는 그렇게 많은 별은 보지 못했다. 학우들과 함께 아리산(阿里山) 밤하늘의 별을 바라보며 산책을 하고 나서 산장으로 돌아와 휴식을 취하고, 다음 날 새벽 일찍 일어나 해돋이를 보기 위해 학우들과 함께 다듬어져 있지 않은 산길을 따라 30~40분 정도 걸어서 산상으로 올라가 맞은편으로 멀리 '위산(玉山: 옥산)산맥'의 산줄기들이 바라보이는 비탈진 산허리에 서서 환호하는 학생들과 함께 구름 속으로 떠오르는 해돋이의 모습을 바라봤는데, 태양이 구름에 가려져 떠올라 장관(壯觀)은 아녔지만 옅은 운무(雲霧)에 덮여 멀리 바라보이는 겹겹의 산줄기들과 어우러진 일출 전후의 경관은 나름대로 아름다웠다. 일출 지점의 좌우로 위산(玉山)산맥이 펼쳐져 있었는바 그 좌측에 솟아 있는,

대만에서 제일 높은 산인 해발 3,952m의 위산(玉山) 봉우리를 멀리서나마 바라볼 수 있었다. 일출을 보기 위해 추위를 느끼며 산상으로 올라가는 동안 바닥에 박혀 있는 돌(石) 틈 사이에 얼어붙어 있는 얼음들이 보이기도 했었는데, 타이베이(臺北)에서는 볼 수 없었던 그 얼음 조각들을 주워 들고 신기해하며 즐거워하던 천진스러운 학우들의 얼굴들이 아리산(阿里山) 해돋이의 모습과 함께 아름다운 추억으로 떠오른다.

아리산(阿里山)을 가족과 함께 승용차로 올라갈 때는 타이베이(臺北)에서 고속도로를 이용해 자이(嘉義)를 거쳐서 올라갔는데, 정해진 시간도 없고 다른 일행도 없었으니 자유로운 여유가 있었는바 산상으로 올라가는 도중에 고산차(高山茶)밭에서 잠시 쉬었다가 올라갈 수도 있었다. 아리산(阿里山)의 고산차밭은 해발 1,300~1,500m 사이에 펼쳐져 있는데, 고산 지역이면서도 습기가 많은 곳으로 그곳에서 채취되는 고산차(高山茶)는 품질이 우수한 차로 알려져 있다. 산을 휘감아 돌고 돌아 아리산(阿里山)의 산상에 도착하니 어두워지기 시작했는데, 피곤도 했는바 바로 산장의 숙소로 들어가 쉬었다. 다음 날 일출을 보러 주산(祝山: 축산)에 올라가는 것은 포기하기로 하고 여유 있게 일어나서 숲속을 산책하기로 했다. 다음 날인 1994년 4월 4일 아침 눈을 뜨니 아주 쾌청한 아침이었다. 아침 식사를 마치고 산장을 나서서 숲속을 향해 걷는데, 일출을 보기 위해 모두들 산상으로 올라가서 그런지 보이는 사람이 별로 없었다. 바람 한 점 없는 포근한 날씨에 막 떠오른 아침햇살을 맞으며 상쾌한 기분으로 '쯔메이탄(姉妹潭: 자매담)'이라는 연못에 이르니, 햇살을 머금은 빨갛게 핀 벚꽃과 수줍은 듯 몽우리 지어 피어오른 자목련의 꽃들이 아담한 연못과 어우러져 있었고, 그 아름다운 꽃들과 어우러진 아담하고도 잔잔한 연못이 숲으로 둘러싸여 있었는데, 아늑하고도 고요한 숲속의 연못가를 아내와 사랑하는 세 딸들과 함께 거니니 신선이 따로 없다는 느낌이 들었었다. 가보지 않은 천당이니 알 수는 없지만, '천당이 이런 모습으로 아름답지 않을까' 하는 착각에 빠져보기도 했다. 그렇게 높고 깊은 산 속의 아름다운 숲에서 가족과 함께 평온하게 산책할 수 있는 기회를 얻게 되어 감사한 마음이었다. 포근함과 여유로움 속에서 아름다운 아리산(阿里山) 숲속 산책을 마치고, 점심 식사 후에 아리산(阿里山)을 넘어 위산(玉山) 쪽의 산악도로를 따라 르웨탄(日月潭: 일월담) 방향으로 내려오는 길에 깊은 산중에서 야생 원숭이들이 노는 모습을 보는 행운도 있었는데, 르웨탄(日月潭)으로 내려와 주변의 군산들과 어우러져 있는 아름다운 호수 르웨탄(日月潭)을 잠시 바라보고 타이베이(臺北)로 돌아왔다.

산상(山上)의 호수 르웨탄(日月潭)

 필자가 대만에서 근무하고 있었을 때, 아리산(阿里山) 여행을 마치고 '위산(玉山)산맥' 산줄기의 도로를 따라 '르웨탄(日月潭: 일월담)' 방향으로 내려오는 길에, 르웨탄(日月潭)호수 호반의 유람선 선착장 주변에서 하차하여 '르웨탄(日月潭)호수'를 잠시 바라보기만 한 아쉬움이 있었는데, 필자가 아내와 함께 2019년 11월 3일부터 7박 8일간 대만을 방문했을 때 필자의 대만 친구 부부의 안내로 르웨탄(日月潭)호수가 내려다보이는 르웨탄(日月潭)호수 연안의 산자락에 있는 '윈핀온천주점(雲品溫泉酒店: Fleur De Chine Hotel)'에서 11월 5일 하루 저녁 머물며 겹겹의 푸른 산으로 둘러싸여 있는 아름다운 르웨탄(日月潭)호수를 여유롭게 산책하면서 추억을 더듬어볼 수 있었는바 이야기를 이어가고자 한다.

 대만 중부의 난터우(南投)현에 위치해 있는 원래의 르웨탄(日月潭)호수는 '위산(玉山)산맥'의 산줄기와 '아리산(阿里山)산맥'의 산줄기 사이의 분지(盆地)에 고여 있는, 호수 면적이 4.5㎢ 정도 되는 대만 최대의 '천연담수호(天然淡水湖)'였다고 하는데 일본 식민 통치 시대인 1918년 7월부터 1934년 6월까지 하류에 댐을 건설하여 수력발전용 저수지로 확대시키면서 평균 수면 면적이 7.7㎢로 커진 '반(半)천연담수호'로 변하여, 대만에서 두 번째로 큰 반(半)천연담수호가 됐다고 한다. 호수의 둘레가 36㎞나 된다고 하는, 작지 않은 호수다. 원래의 그 천연 호수의 모습이 남반부(南半部)는 둥근 태양(太陽: 日)을 닮아 있었고, 북반부(北半部)는 초승달(彎月: 月)처럼 생겼다고 하여 '르웨탄(日月潭: 일월담)'이라는 이름이 지어졌다는 전설이 있다고 한다. 르웨탄(日月潭)호수는 수면 고도가 해발 736m나 되는 '적수분지(積水盆地: 분지에 고인 물)'의 호수로, 사철 '호광산색(湖光山色: 맑은 호수와 푸른 산이 어우러진 아름다운 경관)'의 수려한 경치를 이루고 있어 장제스(蔣介石) 총통도 별장을 두고 있었던 곳이기도 하다.

  2019년 11월 5일 오후 2시쯤 호텔에 도착하여 여장을 풀고 나서, 르웨탄(日月潭)의 호수가 광활하니 자동차를 이용해서 자동차 길이 나 있는 한적한 호수 주변을 돌면서 호수와 어우러져 있는 경관이 아름다운 곳들에서는 내려서 걷기도 하면서 호수와 어우러진 아름다운 경관들을 바라보고 호텔로 돌아왔다. 호텔로 돌아와서 저녁 식사를 하기 전 잠시 휴식을 취했는데, 호텔 베란다에서 내려다보이는 르웨탄(日月潭)호수의 경치가 장관(壯觀)이었다. 겹겹의 산들에 둘러싸여 있는 르웨탄(日月潭)호수의 아름다운 경치를 바라보노라니, 호수의 오른쪽 산상으로 기울어 둥글게 떠 있는 붉은 태양이 산등에 닿아 걸려 있다가 넘어가면서 불타오르는 석양 노을이 피어올라 호수와 어우러진 아름다운 일몰의 경관이 펼쳐지기도 했다. 점점 사라져가는 아름다운 노을이 아쉬워 휴대폰 카메라에 담아보기도 했는데, 고요하고도 아름다운 풍광이었다. 다음 날 아침에도 호텔 베란다에 서서, 왼쪽의 산상에서 찬란하게 떠오르는 아침 햇살이 호수에 반사되어 호수를 둘러싼 푸르른 산으로 퍼져나가는 일출의 아름다움을 감상할 수가 있었는데, 순간처럼 짧게 지나가는 시간이기는 했지만 아름다운 모습이었다. 대만의 날씨는 변화가 심한 편인데, 르웨탄(日月潭)에 머무는 동안의 날씨가 아주 쾌청했으니 행운을 얻은 셈이다. 르웨탄(日月潭)의 일출을 감상하고 나서 호반(湖畔)으로 내려가 맑은 호수가 푸른 산과 어우러져 있는 아름다운 경치가 바라보이는 산책길을 따라 거닐며 또 다른 추억을 만들고 아쉬움을 남기고 호텔로 올라왔다. 아침 식사를 마치고 여장을 챙겨 호텔을 나서서, 좀 더 높은 곳에서 르웨탄(日月潭)이 내려다보이는 산등성의 언덕에 위치해 있는 사찰인 '문무묘(文武廟)'를 둘러보고 나서, 아름다운 호수 르웨탄(日月潭)을 출발하여 대만에서 근무할 때 둘러봤던 대만의 최남단 컨딩(墾丁)을 향해 아름다운 추억의 여정을 이어갔다.

대만 섬의 최남단 컨딩(墾丁)

컨딩(墾丁)은 대만 섬의 남단 핑둥(屛東)현 '헝춘(恒春)반도'의 남쪽 해안에 위치해 있는 국가공원이다. 대만에서 최초로 1982년 국가공원으로 지정된 컨딩공원(墾丁公園)은, 서쪽으로부터 중국 대륙과의 사이에 펼쳐져 있는 대만해협(臺灣海峽)으로, 남쪽으로는 필리핀과의 사이에 펼쳐져 있는 바시해협(巴士海峽: Bashi Channel)으로, 동쪽으로는 태평양(太平洋)으로 3면이 바다로 둘러싸여 있는, 그 면적이 약 180㎢나 되는 풍광이 아름다운 해안공원이다. 컨딩(墾丁)은 타이베이(臺北)와는 육로 주행거리 기준으로 남쪽으로 약 460㎞나 떨어져 있고, 가오슝(高雄)에서도 남쪽으로 약 90㎞나 더 내려가야 하는, 대만 섬의 최남단에 위치해 있으며 열대성기후에 속해 있는, 대만에서도 남국(南國)의 정취를 느끼게 하는 별천지와 같은 자연 휴양지다. 필자가 타이베이(臺北)에서 근무하고 있었을 때인 1994년 2월 10일 춘절(春節: 설) 때 필자가 자동차를 몰고 가족과 함께 내려가서 1박 2일간 컨딩(墾丁)을 여행한 적이 있었는데, 그때 푸른 바다와 어우러져 있는 한적한 컨딩(墾丁)의 해안 언덕을 가족과 함께 편안한 마음으로 거닐었던 아름다운 추억이 있어, 2019년 11월 대만을 방문했을 때 컨딩(墾丁)을 찾아가 옛날의 기억을 더듬으면서 가족과 함께 거닐었던 컨딩(墾丁)의 그 최남단 해안 언덕을 둘러보고 돌아왔는바 이야기를 이어가고자 한다.

컨딩(墾丁)은 천혜의 아름다운 자연의 풍광을 지니고 있을 뿐만 아니라, 겨울이 없고 연평균기온이 25℃라고 하니 온화한 기후의 편안한 휴양지라는 생각이 든다. 필자가 컨딩(墾丁)을 처음 방문했을 때는 우리로 보면 한겨울의 계절이었고, 타이베이(臺北)로서도 아직은 겨울의 계절인데도 타이베이(臺北)에서 멀리 내려오기는 했지만 컨딩(墾丁)에 들어서면서 컨딩(墾丁) 연안의 바다 위에서 물보라를 일으키며 수상스키들을 타는 이색적인 모습이 보여 다른 나라에 들어온 느낌이 들었었다. 그 이후인 2015년 1월 2일부터 일주일간 아내와 함께 하와이(Hawaii)를 여행하면서도, 역시 우리로 보면 한겨울인데도 오아후(O'ahu) 섬의 북서쪽 바다에서 파도타기들을 즐기는 모습들이 보여 컨딩(墾丁)을 떠올리기도 했었는데, 컨딩(墾丁)은 하와이나 괌(Guam)과 비교해도 손색(遜色)없는, 하와이나 괌처럼 열대성기후의 섬마을 해안의 정취를 느끼게 하는, 아름다운 자연환경을 지닌 관광 휴양지가 아닌가 한다.

필자가 두 번째 컨딩(墾丁)을 방문했던 2019년 11월 6일 오전에 르웨탄(日月潭)을 출발하여 오후 4시 반쯤 컨딩(墾丁)의 숙소인, 숲속에 들어 있는 '화타이루이위안빈관(華泰瑞苑賓館: Gloria Manor Hotel)'이라는 호텔에 도착하여 여장을 풀었다. 그 호텔은 장제스(蔣介石) 총통의 별장이 있었던 곳이라고 했다. 별장 건물을 헐고 지었다고 하는, 3층으로 된 규모가 작은 아담한 호텔이었는데 호텔 내에는 장제스(蔣介石) 총통이 사용했던 가구들과 서적들을 진열하여 원래의 모습대로 꾸며놓은 장제스(蔣介石) 총통의 서재(書齋)를 개방하고 있었다. 장제스(蔣介石) 총통은 경치가 수려한 곳에서 태어나서 그런지, 자신의 고향 마을 평화(奉化) 시커우(溪口)를 비롯하여 자신의 영역에 있는 경치가 수려한 곳들마다 별장을 지어 망중한(忙中閑)의 휴식을 즐겼던 것 같다. 장제스(蔣介石) 총통의 별장이 있었다고 하는 그 호텔은 삼림이 우거진 산자락에 위치해 있는 비교적 넓은 공간이었지만 아늑하다는 느낌이 들었는데, 수림 너머로 멀리 내려다보이는 컨딩(墾丁)의 남서쪽 바다 위로 잔잔한 저녁노을이 끼어 있어 마음을 편안하게 해주었다. 호텔 마당에 깔아놓은 널찍한 잔디밭을 걸으며 여유롭게 산책을 하고 나서 휴식을 취하고, 다음 날 대만 친구 부부의 안내를 받아 컨딩(墾丁)을 처음 방문했을 때의 기억을 더듬으면서 컨딩(墾丁)의 최남단 어란비(鵝鑾鼻)해안을 둘러봤다.

어란비(鵝鑾鼻)는 대만 북동부의 이란(宜蘭)현 쑤아오(蘇澳) 부근의 우옌자오(烏岩角)를 기점(起點)으로 컨딩(墾丁)까지 약 500km를 뻗어 내려온 중앙산맥(中央山脈)이 종점에 이르면서 바다로 이어져 있는 곶(串)을 말하는데, 어란비(鵝鑾鼻)에는 숲을 이루고 있는 산과 초원을 이루고 있는 해안의 언덕도 있고, 특수한 석회암(石灰巖) 지형의 해안이 태풍(颱風) 등 해풍(海風)으로 인한 파도에 침식

(浸蝕)되어 형성된 기이한 석회암(石灰巖) 바위들이 바다와 어우러져 아름다운 자연의 경관을 이루고 있는 관광 명소도 있다. 어롼비(鵝鑾鼻)해안을 둘러싸고 있는 바다에는 괌(Guam)의 앞바다처럼 광활한 산호초(珊瑚礁) 지대가 형성되어 있기도 하다. 컨딩(墾丁)의 최남단 어롼비(鵝鑾鼻)로 내려가 열대우림이 우거진 곶(串)을 따라 약 450m의 숲속 길을 걸어 대만 섬의 최남단지점(最南端地點)에 이르러 수평선이 바라보이는 바시해협(Bashi Channel)의 푸른 바다를 바라보고 돌아 올라오면서, 옛날의 그 언덕 부근에서, 역시 수레에 쌓아놓고 팔고 있는 야자열매 한 개를 사서 마셔보기도 했다. 옛날의 달콤한 그 맛 그대로였다. 해안의 언덕으로 올라와 옛날처럼 자동차를 타고 컨딩(墾丁)해안의 언덕길을 따라 동쪽 해안 쪽으로 들어가, 옛날 가족과 함께 거닐었던 언덕에서 차를 멈추고 내려 바다가 내려다보이는 한적한 언덕에 서서 바라본 컨딩(墾丁)해안의 풍광도 백발이 성성하게 변해 있는 필자의 모습과는 달리 예나 다름없는 자연경관의 모습 그대로였다. 그런데 필자의 눈에 하나 더 새로운 풍광이 바라보였다.

컨딩(墾丁)의 어롼비(鵝鑾鼻) 동쪽 해안 언덕의 초원(草原)과 어우러져 있는 태평양(太平洋) 바다를 내려다보다가, 고개를 들어 바다와 하나되어 있는 검푸른 하늘을 바라보노라니 천상(天上)의 세계로 들어가는 운기(雲氣)를 느끼게 하는, 신비(神祕)스러운 고요한 풍광이 눈에 들어온다.

맺음말

인생여정(人生旅程)의 이야기

필자가 인생을 살아오는 과정에서 나름대로 지득(知得)하거나 상상(想像)한 바를 생각나는 대로 정리한 「인생여정(人生旅程)」이라는 시구(詩句)를 읊으며 『운흘(雲屹)의 대만 이야기』를 마무리하고자 한다.

인생여정(人生旅程)
— **운흘**(雲屹) **신명철**(申明澈)

탄생(誕生)

밤하늘의 별들을 보라
우주(宇宙)의 일부분이거늘
헤아릴 수 없을지어다.

밤하늘에 그 별들에서 바라보일
하나의 별인 지구는
태양이 중심인 태양계의 별들과 어우러져
태양의 주위를 돌며
달과 음양(陰陽)을 이루어

인간이 살 수 있는 환경이 조성된

태양계의 별들 중에서

유일하게 인간이 살고 있는

우주 속 한 개의 촌(村)일지어다.

대자연(大自然)의

조화(造化)에 의해 이루어진

우주 속의 무궁무진(無窮無盡)한

다른 태양계들마다에도

나름대로의 태양과 달이

음양을 이루고 있을

지구처럼 생긴 별이 존재할지니

하느님만이 알 수 있는

상상(想像)일지어만

지구와 똑같이 생겼을

무궁무진한 그 별들마다에도

지구처럼 인간들이

촌을 이루며 살고 있을지어다.

초원의 풀싹들이 저절로 돋아나서

자연의 환경 속에서 자라

아름답고 향기로운 꽃을 피우기도 하고
씨앗을 맺어 떨어트리기도 하면서
새로운 싹을 틔우기를 반복하듯
인간도 자신도 모르게 태어나
태어난 가정의 환경 속에서 자라
삶을 영위(營爲)하면서 짝들을 지어
인간을 탄생시키기를
끊임없이 반복할지어다.

인간은 우주의 법칙에 따라
태어나기 이전의 자신에 대해서는
아무도 모르며
죽은 이후의 세계도
아는 사람 아무도 없으되
잠을 자다가 꿈을 꾸며
현실과 다른 세계를 들여다보기도 하고
돌발적(突發的)인 상황이 발생했을 때
영감(靈感)이 스쳐 지나가기도 하면서
어렴풋이나마 현실과 다른 세계를
느끼기도 할진대
현실과 다른 그 세계들이

인간의 영혼(靈魂)에 잠재되어 있는
인간이 태어나기 전에 영위했던
삶의 조각들이라고 한다면
인간에게는 태어나기 전의 영혼이
존재하고 있음이 분명할지어다.

인간의 탄생은
저절로 돋아나는 풀과는 달리
태어나기 전 영위한 삶에 대한
하느님의 평가와
판단에 의해 이루어질진대

삶의 과정에서의 인간의 평가와 판단은
인류적으로는 주변의 인간들이 할지어만
인간의 진정(眞正)한 평가와 판단은
하느님만이 할 수 있을지니

하느님은 인간이 사는 평생 동안
모든 인간의 곁에서
투명하게 함께 지내며
선(善)과 악(惡)의 행동 여부뿐만 아니라

마음속까지도 평가하여
모든 인간을
적확(的確)하게 판단할지어다.

하느님은 인간을 평가는 할지언정
인간의 삶에는 간여(干與)하지 아니할지니
인간은 주변의 환경과 더불어
스스로 삶을 영위하다가
들판의 풀들이 자라서 꽃을 피우고
씨앗을 맺어 떨어뜨리고 시들듯
인간도 자연의 섭리(攝理)에 의해
언젠가는 죽을진대

인간의 육체(肉體)는 흙으로 돌아가고
삶의 과정에서
깨달음과 깨우침에 따라
진화(進化)되기도 하고
퇴화(退化)되기도 하는
성정(性情)과 지능(知能)을 지니고 있는
인간의 영혼(靈魂)은
하느님의 평가와 판단에 의해

우주 속 어느 태양계의 지구촌

어느 가정으로 안내되어져

부모를 닮아 태어난

갓난아이의 육신(肉身)으로 들어가

선(善)하거나 악(惡)한 사이의 인간으로

새로이 탄생되기를 영원히 반복할지니

인간의 죽음은 곧

새로운 탄생이나 다름없을지어다.

삶

한 가정에서 축복을 받으며 태어난 인간은

주어진 환경을 바탕으로 하여

나름대로의 사랑을 받으며 성장하면서

행복하고 윤택(潤澤)한 삶을 희구(希求)하며

삶을 영위해나갈지니

유복(裕福)한 가정에서 태어났으면 좋으련만

하느님에 의해 정해졌거늘

누구를 탓할 수 있으리오.

하지만 아무리 좋은 환경에서 태어났다 한들
저절로 찾아오는 행복은 없을지니
모든 인간은 주어진 환경 속에서
감내(堪耐)해야 하는 고생과
불편함의 정도는 다를지언정
나름대로의 노력을 기울이며
삶을 영위해나가야 할진대

인간이 삶을 영위하는 것은
새로운 탄생의 준비나 다름없을지니
하느님의 좋은 평가를 받기 위해서라도
선(善)한 마음으로 바른길을 걸어야 할지어다.

인간이 탄생하면서부터
성정(性情)이 선(善)하기도 하여
선(善)한 마음으로
바른길을 걷는 사람도 있을지어만
대개는 자신이 어떤 사람인지를
잘 모르고 지낼 뿐더러
대개는 자신이 가지고 있는 생각이나
자신이 하고 있는 행동들이

옳다고 여기고 있고

선(善)과 악(惡)의 사이가
경계를 이루고 있기도 하여
바른길로 한 발 내디디면
선(善)이요
그릇된 길로 한 발 잘못 디디면
악(惡)일 수도 있어
자신이 어떤 길을 걷고 있는지를
잘 모를 수도 있을지니
선(善)한 마음으로 걷는
바른길을 판단하기란 쉽지 않을진대.

평범한 인간으로서는
주어진 환경에 순응(順應)하며
타고난 소질을 계발(啓發)하면서
자신의 능력 범위 내에서
부지런히 일하고
과욕(過慾)을 부리지 않고
규율(規律)을 준수(遵守)하며
타인을 존중(尊重)하고

약자를 배려(配慮)하며
삶의 과정에서 자신을 성찰(省察)하면서
양심적(良心的)으로 정직하게 살아간다면
선(善)한 마음으로 걷는 바른 삶의 길일지어다.

그런데 모든 인간은 주어진 환경 속에서
주변의 다양한 계층의 인간들과 어우러져
관계를 맺기도 하며
더불어 살아가기 마련일진대

인간이 살아가는 세상에는
고금(古今)에 이르면서 끊임없이 탄생하는
성인(聖人)들을 비롯하여
훌륭한 지도자들과
선량(善良)한 인간들이 있어
선(善)한 인간들을 만나
도움을 받기도 할지어만

위선(僞善)의 탈을 쓴 지도자들뿐만 아니라
직권(職權)을 남용하는
상대적인 강자(强者)들을 비롯한

악(惡)한 인간들도 있어

살아가는 동안 강자(强者)들의

횡포(橫暴)에 시달리거나

악(惡)한 인간을 만나

위해(危害)를 당할 수도 있을 것이며

불우(不虞)의 재난을 당하거나

경쟁에서 낙오(落伍)되어

헤어나기 어려운 고난(苦難)에

빠질 수도 있을지어다.

하지만 고난은 누구나 겪을 수도 있는

굴곡(屈曲)들이거늘

무모(無謀)하게 맞서며

악(惡)한 길을 걷는다거나

삶을 포기한다면

하느님의 평가에

부정적인 영향이 미치게 되어

현세보다 나은 새로운 탄생을

기대하기 어려울지니

견뎌내기 힘들더라도

좌절(挫折)하지 말고

슬기롭게 극복(克服)하면서
최선을 다하여 삶을
영위해 나가야 할지어다.

인간의 삶이
고생(苦生)의 연속일 수도 있어
삶에 심취(心醉)하다 보면
아름다운 현실의 세계를
잘 느끼지 못하면서
살아갈 수도 있을지어만
인간들이 사는 지구촌(地球村)
대부분의 곳들이
인륜적인 규범이
정립(正立)되어져 있고
사회적인 질서가
유지(維持)되고 있을 뿐만 아니라
날이 갈수록 과학과 문명이 발달되어
인간들이 편리하고
쾌적하게 지낼 수 있는
생활환경이 조성되어지고 있어
살기 좋은 낙원(樂園)을 이루고 있을지니

여유로움이 부족할지라도

주어진 환경 속에서

화목한 가정을 이루어

가족과 사랑을 주고받으며

소박(素朴)하고 즐겁게 생활하고

희로애락(喜怒哀樂)에 빠져들지 않으면서

자신이 이룬 일들에 대해 보람을 느끼며

심신(心身)을 단련(鍛鍊)하고

섭생(攝生)을 유의(留意)하면서

능력껏 취미 활동도 하고

가능한 한 여행도 하면서

고생(苦生)을 즐거움으로

승화(昇華)시켜나간다면

나름대로의 행복한 삶을

누릴 수도 있을지어다.

하지만 인간이

행복한 삶을 누렸다고만 하여

성공적인 삶을

영위했다고 보기는 어려울진대

자신이 살아온 삶에 대해
스스로 만족을 느낀다면
나름대로는 성공적인 삶을
누렸다고 할 수는 있을지어만
인간들마다의 인생관(人生觀)이
각기 다를지니
자신만이 알 수 있는
주관적인 판단일 뿐이며

인간의 권력과 빈부(貧富)는
선악(善惡)과 무관(無關)하여
인간이 권력을 쥐고 살았다거나
부(富)를 누리고 살았다고만 하여
성공적인 삶을 영위했다고
말하기도 어려울지니
나름대로의 행복한 삶을 영위하면서
인간 사회의 발전에 공헌(貢獻)도 하고
인간들에게 기여(寄與)도 하면서
선(善)한 마음으로 바른길을 걸어야만
성공적인 삶을 영위했다고
할 수도 있을지어다.

처신(處身)

인간은 누구나
행복하게 살아갈 권리가 있고
자신이 소중(所重)하듯
인간은 모두가 소중할지니
서로를 존중하며 살아가야 할지어다.

특히 강자(强者)들은,
힘이 있다 하여
약자(弱者)들에게
함부로 대하지 말아야 할지어다.
강자(强者)들의 행동은
인간들에게 미치는 영향이 클지니
하느님의 평가에서 미치는 영향도 클진대
약자(弱者)들에게
위세(威勢)를 부리며 살아가다가
입장(立場) 바뀌어 새로이 태어나면
무슨 낯으로 대할 수 있겠는가

금전(金錢)이나 권력(權力)은 좇아가면

더 멀리 달아나는 습성(習性)이 있을진대

노력한 만큼의 대가가 아닌

일확천금이나 벼락출세를 바라는 것은

허황(虛荒)한 꿈일 뿐이며

설령 정상적으로 이루어졌다 해도

분수(分數)에 넘친다면

재앙(災殃)이 따를 수도 있을지니

금전이라면 기부(寄附)를 하고

권력이라면 봉사(奉仕)를 하면서 살아간다면

무탈(無頉)할 수도 있을지어다.

인간이 생업(生業)에 종사(從事)하여

이익(利益)을 취하는 것은

자연스러운 일일지어만

아무리 생존경쟁(生存競爭)이

치열하다 할지라도

지식(知識)을 팔아

지나친 이익을 챙기거나

어려움에 처해 있는 자들로부터

부당(不當)한 이익을

취하지는 말아야 할 것이며

도움이 필요한 자들을
돕지는 못할지언정
방해하거나 손해를 끼치는 일은
삼가야 할지어다.

태어난 환경이 열악하거나
삶의 과정에서 굴곡이 생겨
처지(處地)가 어렵더라도
가능한 한 남의 도움을
받지 않으면 좋으련만
어쩔 수 없이
조그만 도움이라도 받으면
감사한 마음을 간직하고
갚도록 노력해야 할 것이며
여력(餘力) 있으면
은혜(恩惠)나 도움을 베풀되
베풂에 대해 반대급부를 바라거나
훗날의 기대를 걸면
실망(失望)이 생길 수도 있을지니
베풀면서 바로 잊어버리는 것이
편안할지어다.

인간은 인연(因緣)을 맺으면서
살아가기 마련이거늘
타의(他意)에 의하거나
우연(偶然)히 인연을 맺기도 하지만
인간의 본심(本心)은
잘 보이지 않을지니
인연을 맺으려거든
신중(愼重)을 기해야 할 것이며
한번 맺어진 인연은
가능한 한 끊지 말아야 할지어다.

인간이 살아가는 동안
누구나 실수(失手)는 있을지니
실수를 저지른 자는
스스로 뉘우쳐야 할 것이며
실수를 한 자에게는
가능한 한 용서(容恕)를 하되
실수를 저지른 자가
뉘우치지를 않거나
실수를 반복한다면

각별히 조심해야 할지어다.

공격적인 자는 피해야 할 것이며
가깝게 지내다 위치가 바뀌었다 하여
배신(背信)을 한 자나
도움받을 가치가 없어졌다고 하여
배반(背叛)을 한 자는
돌아온다 해도
더 큰 상처를 입힐 수도 있을지니
거리를 두어야 할지어다.

잘나고 뛰어난 능력이 있다고 하여
나만 못한 자를 깔보면서
잘난 체를 하거나
이루어낸 성과가 있다고 하여
자만(自慢)에 빠져
오만(傲慢)한 태도를 보이는 것은
어리석은 짓이되
칭찬(稱讚)과 자랑은
발전(發展)의 원동력일 수도 있을지니
칭찬은 아끼지 말고

자랑을 시기(猜忌)하지는
말아야 할지어다.

앞만 보지 말고
자신이 걸어온 길을
수시로 뒤돌아보며
자신이 한 말이나 행동, 생각에 대해서
자신과 대화하면서
자신의 모습을 들여다보라

자신의 마음도 들여다보라
인자(仁慈)한 모습이고
선(善)한 마음이어서
자신(自信)이 있고,
당당(堂堂)할 수도 있을지어만
인자하지 못한 모습이고,
선하지 못한 마음이어서
초라하고 부끄러울 수도 있을진대
자신의 참모습이요
자신의 본마음일지니
자신을 얕보지는 말되

자신이 한 언행이나 생각에
잘못이 있다면
반성(反省)도 하면서
바로잡아야 할진대
자신의 잘못을 인지(認知)하기가
쉽지는 않을지니
역지사지(易地思之)하면
대개는 알 수 있을지어다.

평온한 삶과 영원한 미래를 위해
종교를 신앙(信仰)하는 것은
자연스럽고도 자유스러운 일일지어만
삶의 영역을 벗어나거나
주변에 불편을 끼치는 일은
삼가야 할 것이며
신앙의 본질(本質)이나
근본(根本)은 하나일지니
교리(敎理)가 서로 다를지라도
배타적(排他的)이지 아니어야 할지어다.

죽음

인간은 자신도 모르게 태어나서
주어진 환경 속에서 성장하여
주변 인간들의 영향을 받거나
의존하며 살아갈지언정
실질적으로는 자신의 삶일지니
모든 인간은 자신에 의해 만들어진
자신의 삶을 영위(營爲)하다가
현세의 인생여정(人生旅程)을 마치고
풀잎이 시들거나 낙엽이 지듯
언젠가는 죽기 마련일지어다.

인간의 죽음이 자연의 섭리일지언정
불안과 두려움이 있을 수 있으런만
걱정한다고 해결될 리 없을지니
죽음에 대한 생각은 잊어버리고
일상(日常)을 이어가되
죽음에 대비하여 미리 준비해놓으면
마음이 편안해질지어다.

죽음은 고통이 따르기 마련일진대
잠이 들듯 죽으면 좋으련만
마음대로 되지는 않을지니
하느님에게 맡겨두고

자신에 의해 만들어진 주어진 위치에서
마음만 먹으면
실천하기 그리 어렵지 않은
선(善)한 마음으로 바른길을 걸으며
올바르게 처신(處身)하면서
품위(品位)를 지키며
주변을 위해 늘 기도(祈禱)하며
즐겁고 행복하고 평화롭게 살아가다가
죽음을 맞이했다고 한다면
지나고 나면
구름처럼 덧없이 흘러
스쳐 지나가버린
짧은 일생(一生)일지어만
성공(成功)한 인생여정(人生旅程)이
아닌가 하노라.

— 2025년 8월